DIALOGUES

ENTRE

HYLAS ET PHILONOUS.

a

DIALOGUES

ENTRE

HYLAS ET PHILONOUS,

DONT LE BUT EST

DE DÉMONTRER CLAIREMENT

La réalité & la perfection de l'entendement humain,

La nature incorporelle de l'ame,

Et la providence immédiate de la Divinité;

CONTRE

LES SCEPTIQUES ET LES ATHÉES,

Et d'ouvrir une méthode pour rendre les Sciences plus aisées, plus utiles, & plus abrégées;

Par GEORGES BERKELEY, Associé au Collége de la Trinité à Dublin, & pourvu depuis par S. M. B. de l'Evêché de Cloane.

TRADUIT DE L'ANGLOIS.

A AMSTERDAM.

M. DCC. L.

DIALOGUES

ENTRE

[illegible] ET DES [illegible]

DONT LE BUT EST

DE DÉMONTRER CLAIREMENT

La vérité [illegible]

CONTRE

[illegible] ET LES ATHÉES

[illegible]

Par [illegible] BARBEYRAC [illegible]

TRADUIT DE L'ANGLOIS

A AMSTERDAM

PRÉFACE

PAR L'AUTEUR.

QUOIQUE les hommes conviennent unanimement que la Spéculation doit toujours avoir pour but la pratique, ou qu'il faut la rapporter constamment à la perfection & à la regle de nos mœurs & de nos actions, & bien qu'il paroisse d'un autre côté, que tel est le dessein de la nature & de la providence; ceux qui s'occupent le plus des études spéculatives, semblent néanmoins être généralement d'un sentiment différent. En effet, si nous considérons les peines qu'on a prises pour obscurcir les choses les plus claires, cette méfiance des sens, ces doutes & ces scrupules, ces abstractions & ces raffinemens qu'on nous présente à l'entrée même des Sciences; nous ne regarderons pas comme une chose étrange, que beaucoup de gens qui ont du loisir & de la curiosité, s'arrêtent dès les premiers pas qu'ils font, à des recherches infructueuses, sans descendre jusqu'aux parties pratiques, qui pourroient seules les diriger dans la conduite de leur vie; c'est-à-dire, sans penser à acquérir les plus nécessaires & les plus importantes de toutes les connoissances.

Dans les principes ordinaires des

Philofophes , les perceptions que
nous avons des chofes ne fuffifent
pas pour nous affurer de leur exiftence. On nous enfeigne à diftinguer
leur nature réelle de celle qui tombe
fous les fens : delà le Scepticifme &
les Paradoxes.

Ce n'eft pas affez que nous
voyons , que nous touchions , que
nous goûtions , & que nous fentions
une chofe ; fa vraie nature , fon entité abfolue & extérieure à l'efprit ,
nous eft alors même cachée. Il eft
vrai que cette prétendue vraie nature n'eft rien de plus qu'une fiction
de l'imagination : mais c'en eft une
qu'on a rendue inacceffible à toutes
les autres facultés de l'ame. Les fens.

font trompeurs ; la raifon défectueu-
fe : on paffe la vie à douter de chofes
dont le commun des hommes apperçoit évidemment la vérité , ou
bien à en croire dont il ne fait que
rire, ou qu'il fe contente même de
méprifer.

Pour détourner l'application de
l'efprit humain , de recherches fi
vaines , il m'a donc paru néceffaire
de remonter jufqu'à la fource de
tant d'incertitudes , & d'établir , s'il
étoit poffible , des principes qui,
par leur évidence & par le jour
qu'ils répandroient dans un pareil
cahos , fe fiffent aifément reconnoître pour vrais , & fuffent propres
en même-temps à nous retirer de ces

difcuffions fans fin où nous nous trouvons malheureufement engagés ; ce qui, joint à une démonftration fans replique, tant de la providence immédiate d'un Dieu à qui rien n'eft caché, que de l'immortalité natu- relle de l'ame, femble être tout à la fois la meilleure préparation & le motif le plus puiffant qu'on puiffe offrir aux hommes pour leur faciliter l'étude & la pratique de la vertu.

Je communiquai ce deffein au Public en 1710, dans la premiere partie que je donnai alors d'un Ou- vrage que j'ai compofé fur les prin- cipes de l'entendement humain ; & avant que de publier la feconde partie de ce même Ouvrage, j'ai cru qu'il étoit à propos de traiter plus clairement, & plus au long, de quelques principes que j'avois établis dans la premiere, & de les mettre dans un nouveau jour. C'est-là l'objet de ces Dialogues.

Je n'y suppose au Lecteur aucune connoissance de rien de ce que j'ai dit dans le Traité précédent ; & je préfere, d'un autre côté, d'y présenter mes sentimens sous la forme du Dialogue, c'est-à-dire, de la maniere la plus familiere & la plus propre à les faire saisir aisément ; attendu surtout que ces mêmes sentimens sont fort opposés aux préjugés des Philosophes, lesquels ont si long-temps prévalu contre le simple bon fens., & les notions les plus communes.

Si l'on admet pour vrais les principes que je vais tâcher de répandre parmi les hommes, les conséquences qui, à mon avis, s'enfuivront immédiatement delà, feront que l'Athéifme & le Scepticifme tomberont totalement, que plufieurs points embarraffans & obfcurs fe trouveront éclaircis, que de grandes difficultés feront réfolues, que plufieurs parties inutiles des Sciences en feront retranchées, que la fpéculation fera déformais relative à la pratique, & que les hommes feront ramenés des Paradoxes au bon fens.

Et quoique ce puiſſe être, une réflexion mortifiante pour des perſonnes qui auroient juſqu'ici adopté aveuglément les notions raffinées & extraordinaires dont je parle, qu'il faille enfin en revenir à penſer comme les autres ; il me ſemble cependant que le retour aux ſimples leçons de la nature, après avoir erré long-temps dans les labyrinthes ſauvages de la Philoſophie, devra auſſi avoir quelque choſe de propre à leur plaire. Ce ſera une ſituation ſemblable à celle d'un homme qui a enfin regagné ſa patrie après un long voyage. Il réfléchit avec plaiſir ſur les embarras & les dangers d'où il s'eſt tiré ; il met ſon cœur à l'aiſe, & il jouit dans la suite de soi-même avec plus de satisfaction.

Comme je me proposois pour but de convaincre par la voïe du raisonnement, les Sceptiques & les Athées, j'ai tâché, par cette raison, d'observer étroitement les loix les plus rigoureuses de la Dialectique ; & j'espere en conséquence que ce sera dorénavant une chose évidente pour tout Lecteur impartial, que la connoissance sublime d'un Dieu, & l'attente si consolante de l'immortalité, se présentent d'elles-mêmes à l'esprit, lorsqu'il s'applique avec assez d'attention & de méthode ; quelles que puissent être les conclusions où aboutit cette maniere de penser vague &

fans fuite, qu'on a nommée bien plus
à propos libertinage d'efprit que
liberté de penfer, puifqu'elle n'eft
propre qu'à certains libertins en fait
de raifonnement, gens à qui la févé-
rité d'une bonne Logique n'eft pas
moins redoutable que celle de la
Religion ou celle du Gouvernement.

Peut-être qu'on reprochera à mon
plan, qu'en tant qu'il a pour objet
de dégager l'efprit de recherches
vaines & difficiles, il ne peut inté-
reffer qu'un petit nombre de perfonnes fpéculatives : mais fi en dirigeant,
par fon fecours, les fpéculations de
ces mêmes perfonnes d'une maniere
convenable, je puis, dans la fuite,
venir à bout de mettre plus à la mode,

parmi les gens de génie & de talent,
l'étude de la morale & de la loi de
la nature, de lever ces doutes qui
conduifoient au Scepticifme , de
marquer exactement les bornes qui
féparent le bon du mauvais , & de
réduire les principes du droit naturel
& de la Religion, en un fyftème
auffi fuivi & auffi-bien lié que celui
de telle autre Science que ce puiffe
être ; il y aura alors lieu de penfer ,
non-feulement que cet Ouvrage aura
beaucoup contribué à rétablir dans
le monde le fentiment de la vertu
qui en a, de nos jours, prefqu'entiérement difparu ; mais encore qu'en
me fourniffant les moyens de montrer que les points de la révélation,
qui font à portée de la recherche de

l'homme, font très-conformes à la droite raifon, il aura pu difpofer toutes les perfonnes fages & dépouillées de préventions, à ne juger qu'avec circonfpection & avec refpect de ces Myfteres facrés qui font au-deffus de la fphere de nos facultés. *

Il me refte à prier les Lecteurs qui ne goûteroient pas d'abord ces Dialogues, de fufpendre leur cenfure jufqu'à ce qu'ils les aient lus en entier; fans quoi il pourroit leur arriver, mal-à-propos, de les laiffer là, ou faute d'avoir bien pris mon idée,

* L'Auteur avoit vraifemblablement en vue dans cet endroit, l'Ouvrage qu'il a donné depuis fous le titre d'*Alcyphron* ou *Le Petit Philofophe*, & dont il a paru, il y a long-temps, une traduction en Hollande.

ou à raifon de quelques objections qu'ils croiroient infolubles, & aux-quelles il fe trouveroit néanmoins que j'aurois pleinement répondu dans la fuite. Pour bien comprendre le deffein d'un Traité de cette na-ture, les preuves & les folutions de difficultés qu'il renferme, la liaifon, l'ordre & les rapports de fes diffé-rentes parties, il faut l'avoir lu en entier, & avec une attention fuivie; & fi l'on croit après cela qu'il mérite une feconde lecture, je m'imagine que ce fera le vrai moyen d'en pren-dre parfaitement l'efprit, & d'en entendre clairement le fyftême total. On pourra, au refte, pour y réuffir plus facilement, avoir recours à un

effai fur la vifion que j'ai écrit, il y a
quelques années, ainfi qu'à la partie
qui a déjà paru de mon Traité fur
les Principes de l'entendement humain; car j'ai pouffé plus loin, & j'ai
préfenté d'une maniere plus lumineufe, dans l'un & dans l'autre de
ces Ouvrages, quelques penfées que
je me contente de propofer fimplement ici; en même-temps, que j'y
ai touché d'autres points qui tendent
naturellement à les confirmer ou à
les éclaircir.

SUJETS
DES DIALOGUES.

PREMIER DIALOGUE.

L'AUTEUR expose dans ce premier Dialogue, le sentiment du Vulgaire & celui des Philosophes, sur les qualités secondaires & premieres, la nature & l'existence des corps ; & il prétend prouver en même-temps l'insuffisance de l'un & de l'autre.

SECOND DIALOGUE.

Ce second Dialogue est employé à exposer le sentiment de l'Auteur sur le même sujet, savoir, que les choses corporelles ont une existence réelle dans les esprits qui les apperçoivent; mais qu'elles ne sauroient exister hors de tous les esprits à la fois, même de l'esprit infini de Dieu; & que par conséquent la Matière, prise suivant l'acception ordinaire du mot, non-seulement n'existe point, mais seroit même absolument impossible.

TROISIEME DIALOGUE.

L'objet de ce troisieme Dialogue est de répondre aux difficultés auxquelles le sentiment qu'on a établi dans les Dialogues précédens, peut être sujet; de l'éclaircir en cette sorte de plus en plus, d'en développer toutes les heureuses conséquences; enfin, de faire voir, qu'étant bien entendu, il revient aux notions les plus communes. L'Auteur exprime à la fin du Livre cette derniere pensée, en comparant ce qu'il vient de dire, à l'eau que les deux Interlocuteurs sont supposés voir jaillir d'un jet, & qu'il remarque que la même force de la gravité fait élever jusqu'à une certaine hauteur, & retomber ensuite dans le bassin d'où elle étoit d'abord partie.

PREMIER

PREMIER

DIALOGUE.

PHILONOUS. Bon jour, *Hylas* ; je ne m'attendois pas à vous trouver hors de chez vous de si bonne-heure.

Hylas. Il est vrai que c'est une chose un peu extraordinaire ; mais mon esprit est si occupé d'un sujet dont je me suis entretenu hier au soir, que n'ayant pu dormir de la nuit, j'ai pris le parti de me lever, & de venir jouir du plaisir de la promenade.

Phil. Vous ne pouviez rien faire de mieux. C'est le moyen de vous appercevoir

A

des plaiſirs innocens & délicieux que vous perdez tous les matins. Eſt-il dans le jour un moment plus agréable, & l'année offret-elle une ſaiſon plus charmante ? Ce ciel de pourpre, les accens tout à la fois ſauvages & touchans, que les oiſeaux font entendre, l'odeur ſuave que répandent les arbres & les fleurs, la douce influence du ſoleil levant, ces beautés de la nature, & mille autres qu'on ne ſauroit décrire, inſpirent à l'eſprit de ſecrets tranſports ; & c'eſt ſurtout alors, que nos facultés, pour ainſi dire fraîches & revivifiées, ſont propres à ces méditations auxquelles la ſolitude d'un jardin & la tranquillité du matin nous diſpoſent naturellement. Mais j'appréhende de vous interrompre ; car vous me paroiſſez fort appliqué à quelque choſe.

Hylas. Il eſt vrai que je le ſuis, & je vous aurai obligation de me permettre de ſuivre la même veine d'idées. Non que je conſentiſſe en aucune ſorte à me priver de votre compagnie. Mes penſées coulent au contraire plus librement quand je converse avec un ami, que quand je suis seul. Tout ce que je vous demande, c'est de souffrir que je vous fasse part de mes réflexions.

Phil. Avec grand plaisir : je vous en aurois prié moi-même, si vous ne m'aviez prévenu.

Hylas. Je méditois sur le fatal aveuglement de ces hommes, dont tous les âges nous fournissent des exemples, & qui, soit par une affectation de se distinguer du vulgaire, soit par un tour d'esprit dont il seroit impossible de rendre raison, ont prétendu ou ne devoir rien croire du tout, ou devoir ajouter foi aux opinions les plus extravagantes. Ce seroit une chose qu'on pourroit leur passer, si de pareils Paradoxes & un pareil Scepticisme n'entraînoient quelquefois après eux des conséquences pernicieuses à tous égards au genre humain. Mais le mal est que, lorsque des gens qui ont moins de loisir, voient ceux qu'ils supposent avoir passé tout leur temps à acquérir des connoissances, faire profession d'une ignorance profondé de toutes choses, ou avancer des propositions qui répugnent aux principes les plus clairs & les plus universellement reçus, ils sont tentés dès-lors de former des doutes sur des vérités importantes, même sur celles qu'ils avoient regardées jusqu'à ce temps-là comme sacrées & incontestables.

Phil. Je reconnois sans peine avec vous tout le danger des doutes affectés de quelques Philosophes, & des sentimens bizarres de quelques autres. Je me suis même si fort éloigné depuis quelque temps des manieres de penser des uns & des autres, que j'ai entiérement abandonné plusieurs de ces notions sublimes que j'avois puisées dans leur école, comme en échange des opinions vulgaires; & je vous avoue que depuis ce retour des notions métaphysiques aux préceptes clairs & simples de la nature & de ce qu'on appelle le sens commun, je me trouve merveilleusement éclairé, & je suis en état de comprendre facilement un grand nombre de choses qui me paroiſſoient auparavant comme autant de myſteres & autant d'énigmes.

Hylas. Je ſuis charmé de voir qu'il n'y ait rien de vrai à ce que j'ai entendu dire de vous.

Phil. Et que vous en a-t-on dit, s'il vous plaît ?

Hylas. On vous donna hier au ſoir dans une compagnie où j'étois, pour quelqu'un qui ſoutient l'opinion la plus extravagante qui puiſſe jamais entrer dans l'eſprit d'un homme. Vous prétendez, diſoit-on, qu'il n'y a point de ſubſtances matérielles dans le monde.

Phil. Je ſuis ſérieuſement perſuadé qu'il n'exiſte dans le monde rien de pareil à ce que les Philoſophes appellent des *ſubſtances matérielles.* Mais ſi l'on me faiſoit voir qu'il y eût en cela la moindre choſe d'abſurde, ou qui tirât au Scepticiſme, j'aurois dès-lors autant de raiſon de renoncer à ce ſentiment, que je penſe en avoir maintenant de rejetter l'opinion contraire.

Hylas. Hé quoi ! Pouvez-vous donc

A iij

imaginer rien de plus bizarre, rien qui répugne davantage aux notions les plus communes; en un mot, un trait de Scepticifme plus marqué ou plus manifefte, que de croire qu'il n'y a point de *matiere*.

Phil. Doucement, mon cher Hylas! Que feroit-ce donc, fi je vous prouvois que vous, qui prétendez qu'il y en a, vous êtes, en vertu de cette opinion, un plus grand *Sceptique*, & vous foutenez plus de Paradoxes & d'abfurdités, que moi qui crois qu'il n'y en a point?

Hylas. Il vous feroit auffi facile de me faire croire qu'une partie feroit plus grande que fon tout, que de me perfuader que, pour éviter de tomber dans l'abfurdité & le Scepticifme, il me faudroit changer d'avis fur l'exiftence de la matiere.

Phil. Hé bien donc! Conviendrez-vous d'admettre pour vraie, dans la queftion qui fe préfente, l'opinion qui, après un mûr examen, vous paroîtra la plus conforme à la raifon, & la plus éloignée du Scepti- cifme?

Hylas. De tout mon cœur. Puisqu'il vous plaît de mettre en problême les choses les plus claires, je serai charmé d'apprendre une bonne fois ce que vous pourrez avoir à me dire là-dessus.

Phil. Je vous prie, *Hylas*, qu'entendez-vous par un Sceptique ?

Hylas. J'entends par-là ce que tout le monde entend, un homme qui doute de tout.

Phil. Ainsi celui qui n'a aucun doute sur un point particulier, ne sauroit être regardé comme Sceptique sur ce point.

Hylas. J'en conviens.

Phil. Douter, seroit-ce embrasser dans une question, ou l'affirmative, ou la négative.

Hylas. C'est n'embrasser ni l'une ni l'autre ; & il ne faut qu'entendre le François pour savoir que c'est au contraire rester en suspens entre les deux.

Phil. Celui qui nie une chose, ne doit donc pas plutôt être dit en douter, que celui qui l'affirme avec le même degré de confiance.

A iv

(8)

Hylas. Cela est certain.

Phil. Et par conséquent il ne doit pas plus être envisagé comme Sceptique, pour avoir nié cette chose, que s'il l'avoit affirmée.

Hylas. J'en tombe d'accord.

Phil. Pourquoi donc, *Hylas*, me taxez-vous d'être *Sceptique*, sur cette seule raison, que je nie ce que vous affirmez, je veux dire, l'existence de la matiere, vu surtout que, quoique vous puissiez dire, je ne suis pas moins décidé pour la négative, que vous pour l'affirmative.

Hylas. Arrêtez, *Philonoüs*. Je me suis un peu trop avancé dans ma définition : mais vous auriez tort de prétendre tirer avantage d'une fausse démarche, que je puis avoir faite imprudemment. J'ai dit que le Sceptique est celui qui doute de tout, & j'aurois dû ajouter, ou bien qui nie la vérité ou la réalité des choses.

Phil. Et de quelles choses parlez-vous, s'il vous plaît ? Seroit-ce des principes & des théoremes des sciences ? Mais vous savez que ces théoremes & ces principes

(9)

font des chofes univerfelles , intellectuel-
les , & par conféquent indépendantes de
la matiere. Nier la matiere , ce n'eft donc
pas nier ces chofes-là.

Hylas. D'accord ; mais n'y a-t-il point
d'autres chofes que celles-là ? Que penfez-
vous que ce foit , que fe défier des fens ,
que nier l'exiftence des chofes fenfibles ,
& foutenir que nous n'avons aucune
connoiffance de ces différentes chofes ?
N'en eft-ce pas affez de cela pour faire
appeller quelqu'un *Sceptique* ?

Phil. Examinons donc lequel de nous deux
doit nier la réalité des chofes fenfibles,
ou faire profeffion d'une plus grande ignorance fur ce fujet ; car fi je vous ai bien entendu, ce fera celui-là qu'il faudra regarder
comme le plus *Sceptique* des deux.

Hylas. Je ne demande pas mieux.

Phil. Qu'entendez-vous par chofes *fenfibles* ?

Hylas. Les chofes que nous appercevons
par les fens. Pourriez-vous donc imaginer
que j'entendiffe autre chofe par ces mots ?

A v.

Phil. Pardonnez-moi, *Hylas*, si je m'attache à prendre bien le sens des notions
que vous avez dans l'esprit. Je ne le fais
qu'à cause que c'est le meilleur moyen
d'abréger la recherche que nous nous proposons. Souffrez donc que je vous fasse
encore cette question : N'appercevons-
nous par les sens que les seules choses que
nous appercevons immédiatement ? ou
bien pourroit-on nommer proprement sensibles , les choses que nous appercevons
médiatement , c'est-à-dire, sans que nous
puissions nous passer pour cela de l'inter-
vention de quelques autres choses ?

Hylas. Je ne vous entends pas assez bien
pour vous répondre.

Phil. Ce que j'apperçois immédiatement
lorsque je lis un Livre, ce sont les lettres
qui y sont tracées ; mais les notions de
Dieu , de *la vertu* , de *la vérité* , &c., sont
alors l'objet médiat de ma perception, ou
sont réveillées dans mon esprit par le
moyen des lettres. Or que les lettres soient
effectivement des choses sensibles ou ap-

perçues par mes sens, c'est ce dont personne ne sauroit douter : mais je voudrois savoir, si vous ne prendriez pas aussi pour sensibles les choses dont celles - ci réveillent l'idée en moi.

Hylas. Non certainement, ce seroit une absurdité que de penser que *Dieu* ou *la vertu* fussent des choses sensibles, bien que l'un & l'autre de ces deux objets puissent être représentés à l'esprit par des signes sensibles, avec lesquels ils ont une connexion arbitraire.

Phil. Il semble donc que par *choses sensibles*, vous n'entendez que les seules choses qui peuvent être apperçues immédiatement par les sens.

Hylas. Fort bien.

Phil. Et ne s'ensuit-il pas delà que lorsque je vois une partie du ciel rouge & une autre bleue, & qu'en faisant usage de ma raison, je juge qu'il doit y avoir quelque cause de cette diversité de couleur, cette cause ne sauroit être dite une chose sensible ou apperçue par le sens de la vue.

A vj

Hylas. Elle ne le fauroit.

Phil. Et de la même maniere, lorfque j'entends une variété de fons, on ne peut dire que j'entende la caufe de ces fons.

Hylas. On ne le peut.

Phil. Et lorfque j'apperçois par le moyen du toucher qu'une chofe eft chaude ou pefante, on ne peut dire non plus avec vérité, ni proprement, que je fente la caufe de fa chaleur ou de fon poids.

Hylas. Pour que vous n'ayez plus de queftions de ce genre à me faire, je vous dis une fois pour toutes, que par *chofes fenfibles*, j'entends feulement celles qui font apperçues par les fens, & que dans le vrai les fens n'apperçoivent rien qu'ils n'apperçoivent immédiatement. En effet, ils ne fauroient faire des inductions, & il n'appartient qu'à la raifon de remonter des effets & des apparences aux caufes & aux occafions, à quoi fe borne tout ce que les fens apperçoivent.

Phil. Nous convenons donc enfemble de ce point, que *les chofes fenfibles font* celles-là seules que les sens apperçoivent immédiatement. Je vous prie de me dire de plus, si nous appercevons par la vue autre chose que la lumiere, les couleurs & les figures; par l'ouie, autre chose que les sons; par l'organe du palais, autre chose que le goût; par l'odorat, autre chose que les odeurs; enfin, par le toucher, autre chose que les qualités tactiles.

Hylas. Non sans doute.

Phil. Il semble donc que si nous pouvions venir à bout de séparer des objets leurs qualités sensibles, il n'y resteroit plus rien de sensible.

Hylas. J'en conviens.

Phil. Les choses sensibles ne sont donc rien de plus que des qualités sensibles, ou des combinaisons de qualités sensibles.

Hylas. Rien de plus.

Phil. Et la chaleur est par conséquent une chose sensible ?

Hylas. Sans contredit.

Phil. La réalité des choses sensibles consiste-t-elle dans la qualité qu'elles ont d'être apperçues ; ou bien y auroit-il en elles quelque chofe qui différât de la qualité qu'elles ont d'être apperçues, ou qui ne fe rapportât point à l'efprit qui les apperçoit ?

Hylas. Exifter eft une chofe, & être apperçu en eft une autre.

Phil. Je ne parle ici que des chofes fenfibles, & je vous demande fi par leur exiftence réelle, vous entendez une fubftance extérieure à l'efprit, & qui emporte autre chofe que la qualité d'être apperçu ?

Hylas. J'entends par-là quelque chofe de réel & d'abfolu, qui differe fans doute de la qualité d'être apperçu, & qui ne fe rapporte en aucune maniere aux perceptions que des efprits peuvent avoir.

Phil. Si l'on donne à la chaleur une exiftence réelle, il faudra donc dès-lors que la chaleur exifte hors de l'efprit ?

Hylas. Il le faudra.

Phil. Dites-moi, *Hylas*, cette exiftence réelle conviendra-t-elle également à tous les degrés de chaleur ? ou y auroit-il quelque raifon pour nous la faire attribuer à

(15)

quelques degrés de chaleur & refuser à d'autres : & s'il y avoit quelque raison pour cela,
voudriez-vous bien me la faire connoître ?

Hylas. Tout degré de chaleur que nous
appercevons par les sens, existe indubita-
blement dans l'objet qui en occasionne en
nous la perception, tel que nous l'appercevons.

Phil. Quoi ! le plus grand aussi-bien que
le plus petit ?

Hylas. Je pense qu'il n'y a, à cet égard,
aucune raison de différence entre le plus
grand degré de chaleur & le plus petit. En
effet, ces deux degrés ne sont pas moins
apperçus l'un que l'autre par les sens. Il est
vrai qu'on sent plus vivement le plus grand ;
mais toute la différence que cela produit
entre les deux, c'est qu'on est plus certain
de l'existence réelle du plus grand, qu'on
ne l'est de celle du plus petit.

Phil. Mais le degré le plus violent & le
plus intense de chaleur, n'est-il pas une
très-grande douleur ?

Hylas. Personne ne le peut nier.

Phil. Et une chose qui n'est pas douée de la faculté d'appercevoir, peut-elle être susceptible de douleur ou de plaisir ?

Hylas. Non sans doute.

Phil. Votre substance matérielle n'est-elle pas un être destitué de sentiment ? ou prétendriez-vous que ce fût un être doué de la faculté de sentir & d'appercevoir ?

Hylas. Elle est sans contredit destituée de sentiment.

Phil. Ce ne peut donc être un sujet susceptible de douleur ?

Hylas. Nullement.

Phil. Ni par conséquent du plus grand degré de chaleur que les sens apperçoivent ; puisque vous reconnoissez que ce degré de chaleur est une grande douleur ?

Hylas. J'en tombe d'accord.

Phil. Que devons-nous donc penser de l'objet extérieur dont vous parlez ? Sera-ce une substance matérielle, ou n'en sera-ce pas une ?

Hylas. Ce sera une substance matérielle revêtue de qualités sensibles qui y seront inhérentes.

Phil. Comment donc un grand degré de chaleur pourra-t-il y exister, puisque vous avouez que ce degré de chaleur ne sauroit exister dans une substance matérielle ? Je vous prie de m'éclaircir ce point.

Hylas. Doucement, *Philonoüs.* Je crains d'avoir été trop vîte, lorsque je vous ai accordé qu'une chaleur intense fût une douleur. Il me paroît plutôt que la douleur est quelque chose de différent de la chaleur, & qu'elle n'en est seulement que la suite ou l'effet.

Phil. Lorsque vous approchez votre main du feu, ne recevez-vous par-là qu'une seule sensation simple & uniforme, ou en recevez-vous deux différentes ?

Hylas. Je n'en reçois qu'une seule, & qui est simple.

Phil. N'appercevez-vous pas immédiatement la chaleur ?

Hylas. Oui.

Phil. Et la douleur ?

Hylas. De même.

Phil. Mais puisque vous appercevez

immédiatement, & en même-temps l'une & l'autre, & que le feu ne vous affecte que d'une seule idée simple ou non composée, il s'enfuit delà que cette même idée simple, ou non composée, est tout à la fois la chaleur intense que vous appercevez immédiatement, & la douleur; & que par conséquent la chaleur intense que vous appercevez immédiatement, n'est point différente d'une espece particuliere de douleur.

Hylas. Il me semble que cela doit être ainsi.

Phil. Allons plus loin. Essayez en vous-même, *Hylas*, si vous pourriez vous représenter une sensation violente, qui ne fût point accompagnée de douleur ou de plaisir.

Hylas. Je ne le saurois.

Phil. Ou bien si vous pourriez vous former une idée de la douleur ou du plaisir sensible, en général, & abstraction faite de chaque idée particuliere de chaleur, de froid, de goût, d'odeur, &c.

Hylas. Je ne trouve pas non plus que je le puisse.

Phil. Et ne s'ensuit - il pas delà que la douleur sensible ne differe en rien de ces sensations ou de ces idées, au moins si on les suppose dans un degré intense ?

Hylas. Il n'est pas possible d'en disconvenir ; & pour avouer la vérité, je commence à soupçonner qu'un très-grand degré de chaleur ne peut exister que dans l'esprit qui l'apperçoit.

Phil. Hé quoi ! seriez-vous donc dans l'état du doute *Sceptique*, suspendu entre l'affirmative & la négative ?

Hylas. Je pense pouvoir me décider positivement sur le point dont il s'agit ici. Une chaleur très-violente & douloureuse ne sauroit exister hors de l'esprit.

Phil. Elle n'a donc point, selon vous, d'existence réelle ?

Hylas. Je l'avoue.

Phil. Seroit-il donc certain qu'il n'y a dans la Nature aucun corps réellement chaud ?

Hylas. Je n'ai point nié qu'il n'y eût de la chaleur réelle dans les corps. Tout ce que j'ai dit, c'eſt qu'il ne peut s'y trouver rien de ſemblable à une chaleur réelle intenſe.

Phil. Mais n'aviez-vous pas dit auparavant, que tous les degrés de chaleur ſont également réels, ou que ſi l'on peut imaginer quelque différence dans leur réalité, elle ne ſauroit conſiſter qu'en ce que nous ſommes plus certains de la réalité du plus grand, que de celle du plus petit?

Hylas. Il eſt vrai; mais cela venoit de ce que je ne faiſois pas attention à la raiſon qu'il y a pour mettre une différence entre ces degrés; raiſon que j'apperçois clairement maintenant, & qui conſiſte en ce que la chaleur intenſe n'eſt rien de plus qu'une eſpece particuliere de ſenſation douloureuſe, & que la douleur ne peut exiſter que dans un être capable de perception; d'où il s'enſuit qu'une chaleur intenſe ne ſauroit exiſter dans une ſubſtance corporelle & incapable de perception. Mais ce n'eſt pas de même un motif pour nier que la chaleur puiſſe exiſter dans une telle ſubſtance en un degré inférieur.

Phil. Mais comment pourrons - nous discerner ces degrés de chaleur, qui n'exifteront que dans l'efprit, de ceux qui exifteront hors de l'efprit ?

Hylas. Ce ne fera pas une chofe difficile. Nous favons que la moindre douleur ne fauroit exifter fans être apperçue. Tout degré de chaleur qui fera une douleur, n'exiftera donc que dans l'efprit. Et quant aux autres degrés de chaleur, rien ne nous obligera à en porter le même jugement.

Phil. Je penfe que vous m'avez déjà accordé que tout être qui n'eft point doué de perception, n'eft point fufceptible de plaifir, non plus que de douleur.

Hylas. J'en fuis convenu.

Phil. Et la chaleur modérée, ou un degré de chaleur plus doux que celui qui nous incommode, n'eft-ce pas un plaifir ?

Hylas. Que prétendez - vous conclure delà ?

Phil. Que la chaleur modérée ne fauroit par conféquent exifter hors d'un efprit, ou bien, ce qui eft la même chofe, dans

une substance destituée de la faculté d'appercevoir, ou dans un corps.

Hylas. La conséquence me paroît juste.

Phil. Et si les degrés de chaleur qui ne
sont point douloureux ne peuvent, non
plus que ceux qui nous incommodent,
exister autre part que dans une substance
pensante, n'aurons-nous pas raison de conclure delà que les corps extérieurs sont
absolument incapables de quelque degré
de chaleur que ce puisse être ?

Hylas. En examinant la chose plus mûrement, je ne vois pas qu'une chaleur
modérée soit un plaisir, avec la même
clarté que je vois qu'un grand degré de
chaleur est une douleur.

Phil. Je ne prétends pas que l'intensité
du plaisir que nous cause une chaleur modérée soit aussi grande que celle de la douleur que nous recevons d'une chaleur violente. Mais si vous m'accordez seulement
qu'une chaleur modérée soit un petit plaisir, il n'en faudra pas davantage pour que
ma conclusion soit bien tirée.

Hylas. J'appellerois plutôt la chaleur modérée une *indolence*. Il me paroît en effet que ce n'eft rien de plus qu'une privation, foit de douleur, foit de plaifir; & je me flatte que vous ne me contefterez pas qu'une pareille qualité, ou un pareil état ne puiffe convenir à une fubftance deftituée de la penfée.

Phil. Si vous êtes réfolu de foutenir que la chaleur modérée n'eft pas un plaifir, je ne fache d'autre moyen pour vous convaincre du fentiment contraire, que d'en appeller à vos propres fens. Mais que penfez-vous du froid?

Hylas. J'en penfe, à cet égard, la même chofe que de la chaleur. Un degré intenfe de froid eft une douleur; car on ne peut reffentir un très-grand froid, fans en être fort incommodé. Le grand degré de froid ne fauroit donc exifter hors de l'efprit. Mais un moindre degré de froid peut exifter hors de l'efprit, auffi-bien qu'une chaleur modérée.

Phil. Les corps qui nous font reffentir

un degré modéré de chaleur, lorfqu'ils font appliqués aux nôtres, font donc ceux dans lefquels vous prétendez que réfide la chaleur modérée ; & ceux dont l'application aux nôtres nous fait reffentir un degré de froid d'une intenfité à-peu-près femblable, font de leur côté ceux où vous croyez que réfide le petit degré de froid.

Hylas. Précifément.

Phil. Et penfez-vous qu'un fentiment puiffe être vrai lorfqu'il conduit inévitablement celui qui l'embraffe, & qui en fait un ufage légitime, à des abfurdités ?

Hylas. Non fans doute, il ne le fauroit être.

Phil. Mais ne feroit-ce pas une abfurdité que de penfer qu'une même chofe pût être en même-temps froide & chaude ?

Hylas. C'en feroit une.

Phil. Suppofons maintenant que vous ayez chaud à l'une de vos mains, & froid à l'autre, & que vous les plongiez en même-temps l'une & l'autre dans un même vafe plein d'eau ni froide ni chaude. La même

eau

eau ne vous paroîtra-t-elle pas alors tout à la fois, froide, à en juger par la fenfation qu'elle excitera dans l'une de vos mains, & chaude, à en juger par la fenfation qu'elle excitera dans l'autre.

Hylas. Cela arrivera fans contredit.

Phil. Et ne faudra-t-il pas par confé-quent conclure de vos principes, que cette eau fera tout à la fois froide & chaude ; c'eft-à-dire, fuivant ce que vous m'avez accordé, n'en ferons-nous pas venus à de-voir adopter une abfurdité ?

Hylas. J'avoue que cela me femble ainfi.

Phil. Vos principes renfermoient donc eux-mêmes quelque fauffeté ; puifque vous êtes convenu que des principes qui feroient tous vrais ne fauroient jetter ceux qui les fuivroient , & qui en feroient un bon ufage, dans des abfurdités.

Hylas. Mais après tout, peut-il y avoir rien de plus abfurde que de prétendre *qu'il n'y a point de chaleur dans le feu ?*

Phil. Pour éclaircir encore plus la cho-fe, fuppofons que nous nous trouvions

B

ſucceſſivement dans deux cas parfaitement ſemblables l'un à l'autre, & dites-moi ſi nous ne devrons pas alors porter un même jugement de l'un & de l'autre.

Hylas. D'accord.

Phil. Lorſqu'une épingle pique votre doigt, ne déchire-t-elle pas & ne diviſe-t-elle pas les fibres de votre chair ?

Hylas. Elle les déchire & les diviſe.

Phil. Et lorſqu'un charbon ardent brûle votre doigt, que fait-il autre choſe ?

Hylas. Rien de plus.

Phil. Mais puiſque vous ne jugez pas que la ſenſation que l'épingle occaſionne en vous, ni rien de ſemblable à cette ſenſation, ſoit dans l'épingle ; vous ne devriez pas non plus, conformément à ce que vous m'avez accordé tout-à-l'heure, juger que la ſenſation que le charbon ardent occaſionne en vous, ni rien de ſemblable à cette ſenſation, pût ſe trouver dans le charbon.

Hylas. Hé bien, puiſqu'il le faut, je me rends ſur ce point, que la chaleur & le froid ſont de pures ſenſations qui n'ont d'exiftence que dans nos Ames. Mais il nous refte toujours affez de qualités pour affurer aux chofes extérieures à l'efprit leur réalité.

Phil. Et que diriez-vous , *Hylas* , fi je vous faifois voir que toutes les qualités fenfibles font dans le même cas ; & qu'on ne fauroit fuppofer qu'elles exiftent hors de l'efprit , à meilleur titre qu'on pourroit le prétendre de la chaleur & du froid ?

Hylas. Il faudroit avouer alors que vous auriez avancé de quelques pas dans la queftion que nous difcutons. Mais c'eft auffi ce que je défefpere que vous me prouviez.

Phil. Examinons toutes ces qualités les unes après les autres. Que penfez - vous d'abord des goûts ? Exiftent-ils hors de l'ef-prit , ou n'exiftent-ils que dans l'efprit ?

Hylas. Nul homme qui fera dans fon bon fens ne doutera, je penfe ; que le fucre ne foit doux , & que l'abfinthe ne foit amere.

Phil. Apprenez-moi une chofe, *Hylas* ; le goût de douceur eft-il une efpece par-ticuliere de plaifir , c'eft - à - dire , une fenfation agréable, ou n'en eft - ce pas une ?

Hylas. C'en eft une.

Phil. Et l'amertume, n'eft-ce pas une efpece de fenfation défagréable, ou de douleur ?

Hylas. J'en conviens.

Phil. Mais fi le fucre & l'abfinthe font des fubftances corporelles, deftituées de la penfée, & qui exiftent hors de l'efprit, comment donc arrivera-t-il que la douceur & l'amertume, c'eft-à-dire, un plaifir & une douleur puiffent leur convenir ?

Hylas. Attendez, *Philonoüs.* Je vois maintenant ce qui m'a fait illufion jufqu'ici. Vous m'avez demandé fi la chaleur & le froid, la douceur & l'amertume, n'étoient pas des efpeces particulieres de plaifir ou de douleur ; à quoi j'ai répondu fimplement que oui : au - lieu que j'aurois dû faire cette diftinction, qu'en tant qu'on apperçoit ces qualités, ce font, à la vérité, des plaifirs ou des douleurs ; mais qu'en tant qu'elles exiftent dans les objets extérieurs , on n'en peut plus dire la même chofe ; d'où il s'enfuit que nous aurions tort de conclure abfolument qu'il n'y a point de chaleur dans le feu, ou de douceur dans le fucre , mais que nous devons nous en tenir à dire que la chaleur ou la douceur , en tant qu'elles font apperçues de nous , ne font point dans le feu ou dans le fucre. Que répondez-vous à cela ?

Phil. Que c'eft une allégation qui ne fait rien à notre fujet. Notre converfation n'a roulé jufqu'ici que fur les chofes fenfibles que vous avez définies, *celles que nous appercevons immédiatement par les fens.* Si vous me parlez donc à préfent d'autres qualités différentes de celles - ci , je vous répondrai que je n'en ai point de connoiffance, & qu'au refte elles ne peuvent en aucune forte fe rapporter à notre queftion. Vous pouvez , fi vous le voulez , prétendre avoir découvert certaines qualités que vous n'appercevez pas , & affurer que ces qualités *infenfibles* exiftent .dans le feu & dans le fucre : mais je ne faurois concevoir quel usage vous pourriez faire de ces mêmes qualités dans l'objet que nous nous proposons. Dites-moi donc encore une fois, si vous reconnoissez que la chaleur & le froid, la douceur & l'amertume, (entendant par-là des qualités que nous appercevons par les sens) n'existent point hors de l'esprit.

Hylas. Je vois qu'il ne me serviroit de rien de tenir bon : ainsi je conviens de tout cela à l'égard des qualités dont nous avons parlé jusqu'ici ; quoique je vous proteste qu'il y a je ne sais quoi de révoltant à dire que le sucre n'est pas doux.

Phil. Voici ce que je puis ajouter pour vous mieux convaincre de cette derniere vérité. Ce qui paroissoit doux à un homme en santé, lui paroît amer lorsqu'il est malade ; & on ne sauroit douter d'un autre côté, que différentes personnes ne trouvent différens goûts à une même nourriture, puisque ce qui plaît à l'une déplaît à l'autre. Or comment cela pourroit-il arriver, si le goût étoit quelque chofe d'inhérent à ce qu'on met dans la bouche.

Hylas. J'avoue que je ne le vois point.

Phil. J'en viens maintenant aux odeurs, & je voudrois d'abord favoir de vous, fi ce que nous avons déjà dit des goûts ne leur convient pas exactement; ne font-ce pas auffi autant de fenfations agréables ou défagréables ?

Hylas. Sans doute.

Phil. Pourriez - vous donc concevoir qu'elles exiftaffent dans une chofe qui feroit privée de la faculté d'appercevoir ?

Hylas. Nullement.

Phil. Ou pourriez-vous vous imaginer que des faletés ou des ordures affectaffent ces animaux brutes qui y vont chercher par choix leur nourriture , des mêmes odeurs que nous y trouvons ?

Hylas. Je ne le faurois.

Phil. Et ne devons-nous pas par conféquent conclure à l'égard des odeurs, comme nous l'avons fait au fujet des autres qualités dont nous avons déjà parlé ;

qu'elles ne peuvent exifter que dans une fubftance douée de perception, c'eft-à-dire, dans un efprit?

Hylas. Je le penfe.

Phil. Et quant aux fons, que vous en femble? Sont-ce des accidens réellement inhérens dans les corps extérieurs, ou n'en font-ce pas?

Hylas. L'expérience nous prouve clairement que les fons ne font point inhérens dans les corps fonores; car, fi après avoir mis une cloche fous le récipient de la Machine Pneumatique, on la fait frapper en cet endroit par un battant, elle ne rendra point du tout de fon. C'eft donc l'air qu'il faut regarder comme le fujet du fon.

Phil. Et pourquoi encore avancez-vous cette derniere affertion, *Hylas* ?

Hylas. Parce que toutes les fois qu'il y a un certain mouvement dans l'air, ce mouvement porte à notre oreille un fon plus ou moins fort, à proportion qu'il eft luimême plus ou moins grand ; & que nous n'entendons jamais de fon, fans qu'il y ait un certain mouvement dans l'air.

Phil. Mais quoique je convienne que nous n'entendons jamais de son, sans qu'il y ait alors un certain mouvement dans l'air, & que l'exiſtence d'un certain mouvement dans l'air emporte celle du ſon, je ne vois pas néanmoins encore comment vous pouvez inférer delà que le ſon exiſte dans l'air.

Hylas. C'eſt cependant ce mouvement de l'air extérieur qui produit dans l'Ame la ſenſation du ſon : car en frappant ſur le tympan de l'oreille, il excite en cet endroit de notre corps une vibration qui ſe communique enſuite à notre cerveau par le moyen des nerfs auditifs ; & c'eſt à cette occaſion que notre Ame eſt affectée de la ſenſation qu'on nomme ſon.

Phil. Quoi ! le ſon ſeroit donc une ſenſation ?

Hylas. Je penſe qu'en tant que nous l'appercevons, c'eſt une ſenſation particuliere qui exiſte dans notre eſprit.

Phil. Et peut-il exiſter de ſenſation hors d'un eſprit ?   B v

Hylas. Non certainement.

Phil. Comment donc le son qui est une sensation pourra-t-il exister dans l'air, si vous entendez par le mot *air* une substance destituée de sentiment ?

Hylas. Il faut distinguer, *Philonoüs*, entre le son tel que nous l'appercevons, & le son tel qu'il est en lui-même, ou ce qui est la même chose, entre le son que nous appercevons immédiatement & celui qui existe hors de nous. Le premier est, à la vérité, une espece particuliere de sensation ; mais le dernier n'est proprement autre chose qu'un mouvement de vibration & d'ondulation qui a été excité dans l'air.

Phil. Je pensois avoir déjà prévenu cette distinction par la réponse que je vous ai faite tout-à-l'heure, lorsque vous avez voulu vous en servir dans un cas semblable ; mais pour ne point revenir là-dessus, êtes-vous bien sûr que le son ne soit réellement rien de plus qu'un mouvement ?

Hylas. J'en suis très-sûr.

Phil. Tout ce qui convient au son réel

peut donc être attribué avec fondement &
avec vérité au mouvement.

Hylas. Cela n'est point douteux.

Phil. Ce sera donc bien parler que de
dire du mouvement, qu'il est doux, qu'il
est aigre, qu'il est aigu, qu'il est grave, &c.

Hylas. Je vois que vous avez résolu de
ne m'entendre jamais. Quoi ! n'est-il pas
évident que tous ces accidens ou modes
n'appartiennent qu'au son sensible, ou au
son pris dans le sens qu'on donne ordinairement à ce mot, mais non au son pris
dans un sens réel & philosophique, qui,
suivant que je vous le disois tout-à-l'heure,
n'est autre chose qu'un certain mouvement
dans l'air ?

Phil. Il sembleroit donc qu'il y auroit
deux sortes de sons, l'un vulgaire, ou
celui qu'on entend ; l'autre philosophique
& réel.

Hylas. Justement.

Phil. Et le dernier consisteroit dans le
mouvement ?

Hylas. C'est la distinction que je fais.

Phil. Répondez-moi , *Hylas :* auquel de nos sens pensez - vous que l'idée du mouvement se rapporte ? Est-ce à celui de l'ouie ?

Hylas. Non certainement, mais à celui de la vue , & à celui du toucher.

Phil. Il s'ensuivroit donc delà qu'on pourroit *voir* les sons & les distinguer au *tact ,* mais jamais les *entendre.*

Hylas. Vous pouvez , *Philonoüs ,* tourner tant qu'il vous plaira mon opinion en ridicule ; mais cela ne changera rien à la vérité des choses. Je vous avoue que les conséquences où vous m'attirez , sonnent un peu mal. Mais on sait que le langage ordinaire a été formé des usages du vulgaire & pour l'usage du vulgaire. Il ne faut donc pas s'étonner que les expressions que ce langage nous fournit , paroissent un peu dures & extraordinaires , lorsqu'on les applique à des notions philosophiques.

Phil. Est-il donc vrai que nous soyons déjà si avancés ? Je vous assure que je ne

regarde pas comme peu de chose de vous
avoir mené au point de vous défier déformais des opinions & des expreſſions
communes ; car un article eſſentiel dans
notre recherche , c'eſt de remonter juſqu'à celles qui renferment les notions
les plus éloignées de la maniere ordinaire
de penſer , ou les plus oppoſées aux ſentimens généralement reçus dans le monde.
Mais pouvez-vous bien croire que ce ne
ſoit autre choſe qu'un paradoxe philoſo-
phique , que de dire qu'on n'entend jamais les ſons réels , & qu'on en reçoit
l'idée par un autre ſens que celui de l'ouie?
N'y a-t-il donc rien là de contraire à la
nature & à la vérité ?

Hylas. Pour vous l'avouer franchement,
tout cela n'eſt point du tout de mon goût;
& après les aveux que je vous ai déjà faits,
j'aurois fait auſſi - bien de vous accorder
que les ſons n'ont point d'exiſtence réelle
hors de l'Ame.

Phil. J'eſpere que vous ne ferez point
difficulté de reconnoître la même choſe à
l'égard des couleurs.

Hylas. Pardonnez-moi; il en eſt tout autrement des couleurs. Quoi de plus clair que cette vérité, que nous voyons les couleurs dans les objets ?

Phil. Je m'imagine que les objets dont vous parlez doivent être des ſubſtances corporelles qui exiſtent hors des eſprits qui les apperçoivent.

Hylas. C'en ſont en effet.

Phil. Et ces objets ont-ils des couleurs vraies & réelles qui leur ſoient inhé-rentes ?

Hylas. Chaque objet viſible a en ſoi la même couleur que nous y voyons.

Phil. Comment donc ! Y a-t-il autre choſe de viſible que ce que nous apperce-vons par la vue ?

Hylas. Rien de plus.

Phil. Et appercevons-nous par le ſens de la vue rien que nous n'appercevions immédiatement ?

Hylas. Combien de fois ſerai-je obligé de vous répéter la même choſe ? je vous dis que non.

Phil. Patience, mon cher *Hylas* ; dites-moi encore si les sens apperçoivent immédiatement autre chose que les qualités sensibles. Je sais que vous m'avez déjà assuré qu'ils n'appercevoient immédiatement rien de plus ; mais je voudrois que vous m'appriffiez si vous persistez toujours dans cette opinion.

Hylas. Sans difficulté.

Phil. Mais, je vous prie, la substance corporelle dont vous me parlez seroit-elle une qualité sensible, ou seroit-ce un composé de qualités sensibles ?

Hylas. Quelle espece de question me faites-vous là ? Qui a jamais pu penser que cette substance fût ni l'une ni l'autre de ces deux choses ?

Phil. La raison que j'ai pour vous faire cette demande, c'est qu'en disant que *chaque objet visible a la même couleur que nous y voyons*, vous supposez que les objets visibles font des substances corporelles ; ce qui emporte, ou bien que les substances corporelles soient des qualités sensibles, ou bien au moins que la vue apperçoive autre chose que des qualités sensibles : & comme vous êtes déjà convenu de l'impossibilité du dernier membre de cette alternative, & que vous persistez toujours dans votre aveu, il s'ensuit évidemment delà que la substance corporelle dont vous parlez ne differe en rien des qualités sensibles.

Hylas. Vous pouvez tirer de mes sentimens toutes les conséquences absurdes qu'il vous plaira ; mais vous ne viendrez pas à bout pour cela de me les faire abandonner : je comprends clairement ce que je veux dire.

Phil. Je desirerois fort que vous voulussiez bien me le faire comprendre aussi : mais puisque vous vous obstinez à ne point soumettre à l'examen votre notion de la substance corporelle, je n'insisterai pas davantage sur cet article ; je voudrois seulement savoir de vous, si ce sont les couleurs mêmes que nous voyons, qui existent dans les corps extérieurs, ou s'il y en existe d'autres.

Hylas. Les couleurs que nous voyons

font les mêmes qui exiftent dans les corps.

Phil. Quoi ! le rouge & le pourpre que nous appercevons dans ces nuages, y feroient donc réellement ? Ne penferiez-vous pas plutôt que ces mêmes nuages n'offrent à nos yeux rien de plus que la forme d'un brouillard épais ou d'une vapeur ?

Hylas. Je ne puis m'empêcher de vous avouer que ces couleurs ne font pas réellement dans les nuages, comme on le jugeroit de loin. Ce ne font feulement que des couleurs apparentes.

Phil. Apparentes, dites-vous ! Et comment diftinguerez-vous les couleurs apparentes des réelles ?

Hylas. Fort aifément. Je regarde comme apparentes les couleurs qui fe montrant à nous de loin, femblent au contraire s'évanouir, lorfque nous nous approchons de plus près de l'objet fur lequel elles nous paroiffoient peintes.

Phil. Et il faudra, je penfe, nommer réelles celles qu'on découvre fur les objets, en les confidérant de plus près & plus attentivement ?

Hylas. Juftement.

Phil. Eft-ce par le fecours du Microfcope, ou à l'œil nud, qu'on verra les objets de
plus près, & qu'on les examinera le mieux ?

Hylas. Sans doute que ce fera avec le
fecours du Microfcope.

Phil. Mais le Microfcope nous fait voir
fouvent dans les objets des couleurs différentes de celles que nous y appercevions
à la fimple vue ; & fi nous avions des Microfcopes qui groffiffent les objets beaucoup plus encore que ceux dont nous nous
fervons, il eft inconteftable qu'aucun objet
que nous pourrions voir à travers, ne nous
y paroîtroit de la même couleur qu'il nous
auroit montrée à l'œil nud.

Hylas. Et que conclurez-vous delà ? Je
conviens avec vous qu'à l'aide de certains
artifices, on vient à bout d'altérer les couleurs, & même de les faire totalement
difparoître des objets ; mais ce n'eft pas
une raifon d'inférer qu'il n'y ait réellement
& naturellement aucune couleur fur les
objets.

(43)

Phil. Je crois qu'il s'enfuit évidemment de ce que vous m'avez accordé ,
que toutes les couleurs que nous appercevons à la fimple vue , ne font qu'apparentes , non plus que celles des nuages ;
puifqu'elles difparoiffent & s'évanouiffent ,
pour ainfi dire toutes , lorfqu'on les regarde de plus près & avec plus d'attention ,
fuivant que le Microfcope en fournit les
moyens. Et à l'égard de ce que vous ajoutez en me prévenant , je vous demande à
ce fujet , laquelle eft la plus propre à bien
découvrir un objet , d'une vue fine & perçante , ou d'une vue moins fine & moins
perçante.

Hylas. La premiere fans doute.

Phil. Et la Dioptrique ne nous apprend-
elle pas que les Microfcopes augmentent
la force de la vue , ou qu'ils repréfentent
les objets tels que les yeux les verroient
s'ils étoient doués d'une vue plus perçante ?

Hylas. J'en conviens.

Phil. Nous devons donc juger que rien
ne peut mieux nous découvrir la nature

des chofes, ou nous faire connoître les chofes telles qu'elles font en elles-mêmes, que la repréfentation que le Microfcope nous en fait. Les couleurs que cette repréfentation nous offre, font donc les plus pures, & celles que nous appercevons fans le fecours du Microfcope, le font au contraire le moins.

Hylas. Il faut avouer qu'il y a du vrai dans ce que vous dites là.

Phil. De plus, n'eft-il pas poffible qu'il exifte des animaux qui aient reçu de la nature des yeux dont la ftructure les mette en état d'appercevoir des objets, qui à raifon de leur petiteffe échapperoient à notre vue; & n'eft-ce pas même une chofe manifefte qu'il en exifte de tels ? Que penfez-vous de ces autres animaux plus petits qu'on ne fauroit fe l'imaginer, & que les verres optiques nous découvrent ? Prétendez-vous qu'ils foient abfolument deftitués du fens de la vue ; ou au cas qu'ils ne foient pas tout-à-fait aveugles, pouvez-vous douter que la vue ne leur ait été donnée par

la nature dans la même intention, dans
laquelle elle a été donnée aux autres animaux, je veux dire, pour leur servir à
préserver leurs corps des accidens dont ils
font continuellement menacés? Et si c'est
là en effet l'usage de la vue dans ces mêmes
animaux, ainsi que dans les autres, n'est-
il pas évident en même-temps qu'il faut
qu'ils apperçoivent des particules moin-
dres que leurs corps, & que ces particules
se montrent à eux dans chaque objet d'une
maniere différente de celle dont elles frap-
pent nos sens? Nos propres yeux eux-
mêmes ne nous représentent-ils pas les
objets tantôt d'une maniere, & tantôt d'une
autre? Ne savons-nous pas que toutes les
choses qu'on voit quand on a la jaunisse,
semblent être jaunes? & n'est-il pas par
conséquent extrêmement vraisemblable
que les animaux, dans les yeux desquels
nous observons une texture fort différente
de celle des nôtres, & dont les corps abon-
dent en différentes humeurs qui nous seroient étrangeres, ne voient point dans

chaque objet les mêmes couleurs que nous y découvrons ? Enfin , ne paroît - il pas s'ensuivre de tout cela que toutes les couleurs font également apparentes , & qu'aucune de celles que nous appercevons dans quelque objet extérieur que ce puisse être , n'y est réellement inhérente ?

Hylas. Il me le semble.

Phil. Vous n'en douterez certainement plus , pour peu que vous considériez que si les couleurs étoient des propriétés ou des affections inhérentes dans les corps extérieurs , elles ne pourroient jamais souffrir d'altérations , qu'autant qu'on remarqueroit des changemens dans ces corps mêmes. Mais n'est-il pas évident , après tout ce que nous avons dit , que , soit que nous voulions faire usage d'un Microscope , soit que les humeurs de nos yeux aient souffert quelque altération , soit enfin que nous nous éloignions ou que nous nous approchions d'un objet , les couleurs de l'objet changeront , ou disparoîtront même quelquefois totalement, fans qu'il foit néanmoins arrivé aucun changement à l'objet ? Suppofons même que nous ne changions que la feule fituation d'un objet, fans rien altérer des autres circonftances qui concourent à nous le faire appercevoir ; cet objet préfentera dès-lors différentes couleurs à nos yeux. Il en arrivera encore autant à proportion que ce même objet fera plus ou moins illuminé. Et qu'y a - t - il de plus connu que cette expérience, que les mêmes corps nous paroiffent, à la lumiere d'une bougie, d'une couleur différente de celle qu'ils nous montrent en plein jour ? Ajoutez encore à cela l'expérience du Prifme, qui en féparant les rayons hétérogenes, change les couleurs de tous les objets, & fait paroître, même à l'œil nud, le blanc le plus pur, d'un bleu ou d'un rouge foncé ; & après cela, dites-moi fi vous êtes toujours du fentiment que tous les corps aient des couleurs vraies & réelles, qui foient inhérentes en eux : & fuppofé que vous penfiez en effet de la forte, apprenez-moi

de plus, je vous prie, quelle diſtance &
quelle poſition des objets, quelle configu-
ration ou quelle diſpoſition des différentes
parties de l'œil, enfin, quel degré ou quelle
eſpece de lumiere feront les plus propres
à nous découvrir les vraies couleurs des
objets, & à nous les faire diſtinguer de
celles qui ne font qu'apparentes.

Hylas. J'avoue que je ſuis maintenant
parfaitement convaincu que toutes les couleurs font également apparentes, & qu'il
n'y a rien d'inhérent dans les corps extérieurs, qu'on puiſſe appeller du nom
de couleur ; enfin, que les couleurs n'exiſtent feulement que dans la lumiere. Ce
qui me confirme dans cette derniere opinion, c'eſt que les couleurs font toujours
plus ou moins vives, à proportion que
les objets qui nous les montrent, font
plus ou moins éclairés ; & que lorſque la
lumiere diſparoît tout-à-fait, les couleurs
diſparoiſſent auſſi en même-temps. D'ailleurs, en admettant des couleurs ſur la
ſurface des objets extérieurs à nous, comment

comment feroit-il poffible que nous les
apperçuffions? Nul corps extérieur à nous
n'affecte notre ame, à moins qu'il n'ait
commencé par agir fur les organes de nos
fens. D'un autre côté, l'action des corps ne
confifte que dans le feul mouvement; & le
mouvement ne peut fe communiquer d'un
corps à un autre que par l'impulfion. Un
objet éloigné ne fauroit donc proprement
agir fur notre œil, ni par conféquent fe
faire appercevoir de notre ame, ou lui découvrir fes propriétés; & il s'enfuit clairement delà que c'eft quelque fubftance
contiguë à notre œil, & qui opere fur lui,
qui doit occafionner en nous la perception
des couleurs. Or telle eft la lumiere.

Phil. Comment ! la lumiere feroit donc
une fubftance ?

Hylas. Je penfe, *Philonoüs*, que la lumiere extérieure n'eft autre chofe qu'une
fubftance fluide & rare, dont les particules
agitées avec violence, & réfléchies de différentes manieres vers nos yeux par les fur-
faces des objets extérieurs, communiquent

C

différens mouvemens aux nerfs optiques ; & que ces mouvemens se transmettant ensuite jusqu'au cerveau, au moyen de ces mêmes nerfs, ils y font différentes impressions, qui sont suivies des sensations du rouge, du bleu, du jaune, &c.

Phil. Il paroît donc que la lumiere ne fait en cela autre chose qu'ébranler les nerfs optiques ?

Hylas. Elle n'y fait rien de plus.

Phil. C'est-à-dire qu'à chaque mouvement particulier que la lumiere communique à ces nerfs, l'esprit est affecté d'une sensation qui est une espece particuliere de couleur.

Hylas. Précisément.

Phil. Et ces sensations n'ont point d'existence hors de l'esprit ?

Hylas. Point du tout.

Phil. Comment pouvez-vous donc soutenir que les couleurs soient dans la lumiere, puisque vous entendez par le mot *lumiere*, une substance corporelle extérieure à l'esprit ?

(51)

Hylas. Je conviens que la lumiere & les couleurs, en tant qu'elles sont immédiatement apperçues de nous, ne sauroient exister hors de l'esprit. Mais si on les considere en elles-mêmes, on trouvera alors qu'elles consistent uniquement en différens mouvemens & en différentes configurations de certaines particules insensibles de la matiere.

Phil. Les couleurs prises dans le sens ordinaire, c'est-à-dire, pour les objets immédiats de la vue, ne sauroient donc se trouver que dans une substance douée de perception ?

Hylas. C'est-là ce que je dis.

Phil. Eh bien donc ! puisque vous convenez de ce que je veux, à l'égard de ces qualités sensibles, qui seules sont regardées par tous les hommes comme des couleurs, vous pouvez prétendre après cela tout ce qu'il vous plaira à l'égard de ces couleurs invisibles qui ne sont connues que des Philosophes. Je ne m'engagerai point, quant à moi, dans des disputes sur un pareil

fujet. Je me contenterai de vous prier d'examiner, fi dans la queftion dont il s'agit
entre vous & moi, vous pouvez avancer
avec affurance *que le rouge & le bleu que
nous voyons, ne font point des couleurs
réelles, mais que ce ne font que de certaines figures & de certains mouvemens inconnus, defquels perfonne ne s'eft encore bien
affuré, ou ne pourra même jamais fe bien
affurer.* Ne font-ce point là des notions
choquantes, & qui pourroient nous fournir
autant de conféquences ridicules, que nous
en avons tirées de celles auxquelles vous
avez été déjà obligé de renoncer, lorfque
nous parlions des fons.

Hylas. Je conviens franchement, *Philonoüs,* que ce feroit en vain que je voudrois
plus long-temps défendre l'opinion dont
vous me parlez. Je vous accorde donc que
les couleurs, les fons, les goûts, en un mot,
toutes les qualités qu'on nomme *fecondaires,* n'ont aucune exiftence hors de l'efprit.
Mais en faifant cet aveu, je prétends auffi
ne donner aucune atteinte à la réalité de la

matiere ou des objets extérieurs ; & c'eſt
avec d'autant plus de fondement, que telle
eſt en effet la maniere de penſer de pluſieurs
Philoſophes qui ſont néanmoins très-éloi-
gnés de nier l'exiſtence de la matiere. Pour
rendre ceci plus facile à comprendre, j'ob-
ſerverai que les Philoſophes diviſent les
qualités ſenſibles en *premieres* & en *ſecon-*
daires. L'étendue, la figure, la ſolidité, la
peſanteur, le mouvement & le repos, ſont
celles qu'ils nomment premieres & celles
qui, ſelon eux, exiſtent réellement dans les
corps. Celles dont nous avons parlé juſqu'à
préſent, ou pour couper court, toutes les
qualités ſenſibles, à l'exception des premieres, ſont au contraire celles qu'ils appellent ſecondaires & celles qu'ils ne regar-
dent que comme autant de ſenſations ou
d'idées, & qui de leur aveu n'exiſtent autre
part que dans l'eſprit. Mais je vous parle
de choſes dont je ne doute point que vous
ne ſoyez déjà inſtruit. Je ſavois, quant à
moi, depuis long-temps, que cette diviſion
étoit adoptée de pluſieurs Philoſophes ; mais

C iij

ce n'eſt que de ce moment que je ſuis pleinement convaincu de ſa néceſſité.

Phil. Vous êtes donc de l'opinion que l'étendue & les figures ſont inhérentes dans des ſubſtances extérieures à l'eſprit , & incapables de penſer ?

Hylas. Sans doute.

Phil. Que direz-vous donc , ſi les mêmes argumens que je vous ai apportés contre l'exiſtence des qualités ſecondaires ſe trouvent conclure également contre l'exiſtence des autres ?

Hylas. Je ſerois alors obligé de penſer que ces dernieres n'exiſteroient non plus que dans l'eſprit.

Phil. Etes-vous du ſentiment que ce ſoit cette même figure & cette même étendue que vous appercevez par les ſens, qui exiſte dans les objets extérieurs , ou dans la ſubſtance matérielle ?

Hylas. Oui.

Phil. Et les autres animaux ſont-ils auſſi fondés que vous à penſer la même choſe de la figure & de l'étendue qu'ils voient , ou qu'ils touchent ?

(55)

Hylas. Sans doute, pour peu qu'ils en aient une perception.

Phil. Répondez-moi, *Hylas* ; pensez-vous que les sens aient été accordés à tous les animaux pour leur conservation & leur bien-être durant la vie ; ou, ne seroit-ce qu'aux hommes seuls qu'ils auroient été donnés pour cette fin ?

Hylas. Je ne doute nullement qu'ils n'aient le même usage dans tous les animaux.

Phil. Et cela posé, n'est-il pas nécessaire que les sens fournissent à tous les animaux les moyens d'appercevoir leurs propres membres, ainsi que les corps qui pourroient les heurter & les endommager ?

Hylas. Certainement.

Phil. Vous devez donc m'accorder qu'une Mite doit voir son pied, & les autres choses qui sont d'une grosseur égale à celle de son pied, ou même moindre, comme des corps assez considérables ; quoiqu'en même-temps il nous soit à peine possible de discerner ces mêmes choses, ou qu'elles ne nous paroiſſent tout au plus que comme autant de points viſibles.

Hylas. Je ne ſaurois en diſconvenir.

Phil. Et ces mêmes corps paroîtroient encore plus gros à des animaux plus petits que la Mite.

Hylas. Il eſt vrai.

Phil. Si bien qu'un corps que nous ne pourrions diſcerner qu'à peine, devroit paroître comme une groſſe montagne à un animal extrêmement petit.

Hylas. Je vous accorde tout cela.

Phil. Une ſeule & même choſe peut-elle dans un même temps avoir des dimen-ſions différentes?

Hylas. Il ſeroit abſurde de ſe l'imaginer.

Phil. Mais de ce que vous m'avez accor-dé, il s'enſuit que l'étendue que nous ap-percevons, & celle que la Mite apperçoit, auſſi-bien que celles que des animaux plus petits pourroient appercevoir de leur côté, ſont toutes également la vraie étendue du pied de la Mite; c'eſt-à-dire, que vos prin-cipes vous ont jetté dans une contradiction.

Hylas. Il me semble qu'il y a en cela de la difficulté.

Phil. Revenons. N'avez-vous pas reconnu qu'aucune propriété réelle & inhérente de tel objet que ce pût être , ne sauroit changer , sans qu'il arrivât quelque changement à l'objet même ?

Hylas. J'en suis convenu.

Phil. Mais l'étendue visible des objets varie, à proportion que nous nous en approchons ou que nous nous en éloignons, puisqu'elle est dix & cent fois plus grande à certaines distances qu'à d'autres; & ne s'ensuit-il pas delà que cette étendue n'est point réellement inhérente dans les objets?

Hylas. J'avoue que je ne sais trop qu'en penser.

Phil. Vous vous serez bientôt décidé là-dessus , pour peu que vous vous permettiez de juger de la qualité dont nous parlons maintenant, avec la même liberté d'esprit dont vous avez usé à l'égard des autres. N'avez-vous pas admis pour un bon argument, que ni la chaleur ni le froid ne sont dans l'eau, parce qu'une même eau paroît quelquefois chaude, à en juger par la fenfation qu'elle excite dans une main , & froide à en juger par la fenfation qu'elle excite dans l'autre ?

Hylas. D'accord.

Phil. Et ne pouvez-vous pas concluré par un raifonnement parfaitement femblable, qu'il n'y a ni étendüe ni figure dans aucun objet, puifqu'un même objet peut paroître à un œil, petit, uni & rond, & à un autre, grand, raboteux & angulaire ?

Hylas. Je le conclurois auffi ; mais ce dernier fait eft-il jamais arrivé ?

Phil. Vous pouvez à tout moment en faire l'expérience. Vous n'avez pour cela qu'à regarder un même objet avec un œil nud, en même-temps que vous le regardèrez auffi avec l'autre œil armé d'un Microfcope.

Hylas. Je ne fais comment défendre davantage l'étendue; & j'ai cependant bien de la peine à l'abandonner. Je vois tant de conféquences étranges qui fe préfentent en foule à la suite d'un pareil aveu......

Phil. Etranges, dites-vous ! Mais après ce que vous m'avez déjà accordé, je compte que vous ne devez plus rien trouver d'assez étrange pour vous arrêter.

Hylas. Je vous cede cet article pour le présent ; mais je me réserve toujours le droit de me rétracter, au cas que je découvre dans la suite que je n'ai été mené jusque-là que pour avoir supposé quelque faux principe.

Phil. Ce droit ne sauroit vous être contesté ; mais puisque vous ne voulez pas encore en user, & que nous avons d'ailleurs déjà expédié ce qui regarde les figures & l'étendue, passons maintenant au *mouvement*. Un mouvement réel, de quelque corps que ce soit, peut-il être en même-temps très-prompt & très-lent ?

Hylas. Ce seroit une chose impossible.

Phil. La vîtesse du mouvement d'un corps n'est-elle pas réciproquement proportionnelle au temps que ce corps emploie à décrire un espace donné quelcon-

C vj

que ? Un corps qui décrit une lieue par
heure ne se meut-il pas , par exemple, trois
fois plus vîte qu'un autre corps qui ne dé-
criroit qu'une lieue en trois heures ?

Hylas. J'en tombe d'accord.

Phil. Et ne mesurons-nous pas le temps
par la succession des idées dans nos esprits ?

Hylas. Par cela même.

Phil. Et n'est-il pas possible que les idées
se succedent les unes aux autres en vous
deux fois plus vîte qu'elles ne font en moi ,
ou qu'elles ne feroient dans une intelligence d'un autre ordre ?

Hylas. Je l'avoue.

Phil. Un même corps peut donc paroître
à un autre que vous, se mouvoir sur un espace donné, dans la moitié du temps qu'il vous
paroîtra à vous , avoir employé à ce mouvement : & ce même raisonnement pourra
d'ailleurs s'appliquer à toute autre espece
de rapport de temps; & puisque , suivant
vos principes , tous les mouvemens qu'on
apperçoit , font réellement dans l'objet où
on les apperçoit , il fera par conféquen

possible qu'un seul & même corps se meuve
tout à la fois & très-vîte & très-lentement,
& cela réellement & en un même sens. Or
comment accorder ces conséquences, non-
seulement avec ce dont vous êtes déjà convenu, mais encore avec les notions les plus
simples que le bon sens puisse nous fournir ?

Hylas. Je n'ai rien à répliquer à ce
raisonnement ?

Phil. Quant à la *solidité*, ou vous n'entendez par ce mot aucune qualité sensible,
& il se soustrairoit alors à notre recherche ;
ou, si vous le rapportez à quelque qualité
sensible, ce doit être ou à la dureté, ou à
la résistance. Mais il est évident que l'une
& l'autre de ces deux qualités sont entiérement relatives à nos sens ; puisque ce qui
paroît dur à un animal, peut paroître mol
à un autre dont les membres auront plus
de force & de fermeté que ceux du premier : & il n'est pas moins clair que les
résistances que nous éprouvons, ne sauroient non plus résider dans les corps qui
paroissent nous les faire sentir.

Hylas. J'avoue que la senfation même de réfiftance, en quoi confifte tout ce que vous appercevez immédiatement de la folidité, n'eft pas dans le corps. C'eft la caufe de cette fenfation qui y eft.

Phil. Mais les caufes de nos fenfations, ne font-ce pas les chofes que nous appercevons immédiatement ? Et par conféquent ne font-ce pas auffi les chofes fenfibles ? Je crois que c'eft-là un point dont nous fommes déjà convenus.

Hylas. Je vous l'accorde : mais il faut que vous me pardonniez fi je vous parois tomber dans quelques contradictions. Je ne fais comment me défaire de mes anciens préjugés.

Phil. Pour vous être en cela de quelque fecours, je vous prierai de faire attention qu'après avoir une fois reconnu que l'étendue n'a point d'exiftence hors de l'efprit, on ne fauroit plus s'empêcher d'en dire autant du mouvement, de la folidité & de la pefanteur; puifque toutes ces qualités fuppofent évidemment l'étendue. Il feroit donc

(63)

inutile de vouloir faire ici des recherches particulieres fur chacune de ces mêmes qualités ;
en niant l'exiftence de l'étendue, on nie en
même-temps l'exiftence de toutes les autres.

Hylas. Je m'étonnerois, *Philonoüs*, en
fuppofant vrai ce que vous dites-là, que les
Philofophes qui refufent toute exiftence
réelle aux qualités fecondaires, puffent accorder l'exiftence aux qualités premieres.
En effet, dès-lors qu'il n'y auroit aucune
différence entre ces deux efpeces de qualités, quelle raifon pourroit-on donner
d'une pareille contradiction ?

Phil. Je ne me charge point de juftifier
chaque opinion des Philofophes ; mais entr'autres raifons qu'on pourroit donner de
la contradiction dont vous me parlez, il eft
vraifemblable qu'on en trouveroit une dans
la douleur ou dans le plaifir, qui font plus
immédiatement liés aux qualités fecondaires qu'aux qualités premieres. La chaleur &
le froid, les goûts & les odeurs nous affec-
tent avec un peu plus de vivacité d'un fentiment agréable ou défagréable, que les

idées, pour ainsi dire, seches, de l'étendue, des figures & des mouvemens. Et comme il seroit trop visiblement absurde de soutenir que la douleur ou le plaisir pussent se trouver dans une substance destituée de la faculté d'appercevoir, il est arrivé delà que les hommes se sont plus facilement détachés de l'opinion qui attribue l'existence aux qualités secondaires, que de celle qui ne l'attribue qu'aux seules qualités premieres. Vous vous convaincrez que ce n'est pas là une chose que j'avance tout-à-fait sans sujet, si vous voulez bien vous rappeller un moment la différence que vous avez faite, il y a quelque temps, entre une chaleur intense & un degré plus modéré de chaleur, & l'inclination que vous aviez à donner à l'une l'existence réelle que vous refusiez néanmoins à l'autre. Au reste, la distinction que vous faisiez en cette occasion n'étoit pas fondée en raison; car il n'est point douteux qu'une sensation à laquelle nous sommes indifférens, ne soit aussi véritablement sensation, qu'une plus agréable ou une plus douloureuſe ; & la premiere ne ſauroit par conſéquent être attribuée, à plus juſte titre que les deux dernieres, à un ſujet deſtitué de la faculté de penſer.

Hylas. Je viens de me rappeller dans le moment que j'ai entendu quelquefois diſtinguer entre l'étendue ſenſible & l'étendue réelle. Or, quoiqu'il faille reconnoître que la grandeur & la petiteſſe, qui ne conſiſtent uniquement que dans le rapport que les êtres étendus, différens de nos propres corps, ont aux parties de nos propres corps, ne ſont pas réellement inhérentes dans les ſubſtances mêmes; rien ne nous oblige néanmoins d'en dire autant de l'étendue abſolue, qui eſt quelque choſe d'abſtrait des idées de grandeur & de petiteſſe, ainſi que de telle ou telle quantité, ou de telle ou telle figure particuliere. Il en eſt de même à l'égard du mouvement. La vîteſſe & la lenteur ſont entiérement relatives à la maniere dont les idées ſe ſuccedent les unes aux autres dans nos eſprits. Mais de ce que ces modifications du mouvement n'exiſtent pas hors de nos eſprits, il ne s'enſuit pas du tout que nous devions porter un jugement ſemblable du mouvement abſolu qu'on en peut abſtraire.

Phil. Aſſignez-moi, je vous prie, *Hylas*, ce qui doit ſervir à diſtinguer un mouvement ou une étendue, d'une autre. N'eſt-ce pas quelque propriété ſenſible, comme différens degrés de vîteſſe ou de lenteur, ou bien certaines grandeurs & certaines figures particulieres à chacune de cés deux qualités?

Hylas. Je le penſe ainſi.

Phil. Et par conſéquent, ſi l'on dépouille ces deux qualités de toutes leurs propriétés ſenſibles, il ne leur reſtera plus de différences, ni *ſpécifiques*, *ni numériques*, comme on les nomme dans les Écoles.

Hylas. Non.

Phil. C'eſt-à-dire, qu'elles ſe réduiront à l'étendue en général, & au mouvement en général.

Hylas. Soit.

Phil. Mais c'eſt une maxime univerſellement reçue, que *toute choſe qui exiſte eſt singuliere* ; & sur ce pied-là , comment se pourra-t-il faire que le mouvement en général, ou l'étendue en général existe dans une substance corporelle ?

Hylas. Je vous demande du temps pour répondre à cette difficulté.

Phil. Mais il me semble à moi qu'on peut se décider promptement sur cet article. Il vous est sans doute facile de me dire, si vous éprouvez qu'il soit en votre pouvoir de vous former à votre gré telles ou telles idées. Or je n'en veux pas davantage pour faire cesser notre dispute. Si vous pouvez vous former dans votre esprit une idée tout à la fois abstraite & distincte , soit du mouvement, soit de l'étendue, dépouillés l'un & l'autre de tous leurs modes sensibles, la promptitude ou la lenteur, la grandeur ou la petitesse, la figure ronde ou quarrée, & d'autres semblables que vous avez reconnu n'exister que dans l'esprit, je demeurerai d'accord de tout ce que vous voudrez. Mais si vous ne pouvez en venir à bout, ce seroit aussi de votre part une chose déraisonnable que d'insister davantage sur l'existence de ce dont vous n'auriez aucune notion.

Hylas. A vous dire vrai, je ne saurois y réussir.

Phil. Pouvez - vous même séparer les idées de l'étendue & du mouvement des idées de la lumiere & des couleurs, de la dureté & de la molesse, de la chaleur & du froid, & de toutes ces autres qualités que ceux qui en distinguent de plusieurs especes, nomment secondaires ?

Hylas. Quoi ! est-ce que ce n'est pas une chose aisée de considérer l'étendue & le mouvement en eux-mêmes, & abstraction faite de toutes les autres qualités sensibles ? Eh, je vous prie, comment donc les Mathématiciens les envisagent-ils lorsqu'ils en traitent ?

Phil. Je reconnois, *Hylas*, qu'il n'est point difficile de former des propositions & des raisonnemens généraux sur ces qualités, sans y faire entrer rien de plus, & en ce sens de considérer ces mêmes qualités d'une maniere abſtraite. Mais de ce que je puis prononcer le mot *mouvement* par lui-même, s'enſuit-il que je puiſſe me former dans mon eſprit une idée du mouvement, où celle du corps n'entre point ? Ou de ce qu'on peut énoncer & démontrer des Théorêmes ſur l'étendue & les figures, ſans faire mention de la grandeur ou de la petiteſſe de ces figures, ou de toute autre de leurs qualités ſenſibles, peut - on conclure que l'eſprit ait la facilité de ſe repréſenter & de ſaiſir une idée abſtraite d'étendue deſtituée de telle ou telle grandeur, de telle ou telle couleur, &c. ? Les Mathématiciens traitent de la quantité, ſans faire attention aux autres qualités ſenſibles dont elle peut être revêtue ; parce que ces qualités n'influeroient en rien ſur leurs démonſtrations. Mais ſi laiſſant les mots à part, ils s'abandonnent quelquefois à la contemplation des ſimples idées, vous trouverez, je penſe, que ces idées qu'ils conſiderent alors, ne ſont point les idées pures & abſtraites de l'étendue.

(70)

Hylas. Mais que direz-vous de l'entendement pur ? Qu'est-ce autre chose qu'une faculté qui a la propriété de former des idées abstraites ?

Phil. Dès-lors que je ne puis en aucune sorte me former des idées abstraites, il est clair que je ne saurois le faire par le secours de l'entendement pur, quelle que soit la faculté que vous entendiez par ces mots ; mais sans porter nos recherches jusqu'à la nature de l'entendement pur & de ses objets spirituels, *la Vertu , la Raison , Dieu ,* & d'autres semblables, au moins paroît-il manifeste que les choses sensibles ne peuvent être apperçues de nous que par le secours des sens , & qu'elles ne peuvent nous être représentées que par l'imagination. Les figures & l'étendue, qui sont primitivement apperçues par les sens, ne sont donc point des objets qui appartiennent à l'entendement pur. Que si au reste vous voulez vous en convaincre encore mieux, essayez un moment de vous former l'idée de quelque figure abstraite de toute circonstance spécifique de grandeur, ou même abſtraite des autres qualités ſenſibles.

Hylas. Permettez que j'y penſe un peu… Je trouve qu'il me ſeroit impoſſible d'en venir à bout.

Phil. Et croyez-vous qu'une choſe dont l'idée impliqueroit contráction, pût exiſter dans la nature ?

Hylas. Nullement.

Phil. Mais puiſque vous convenez que l'eſprit lui - même ne ſauroit déſunir les idées de l'étendue & du mouvement, de toutes les autres qualités ſenſibles, il s'en-ſuit delà que partout où l'une exiſte, l'autre doit néceſſairement exiſter auſſi.

Hylas. Je le croirois.

Phil. Concluez donc que les mêmes preu-ves que vous avez jugées démonſtratives contre l'exiſtence des qualités ſecondaires, ne le font pas moins contre celle des quali-tés premieres, ſans qu'elles aient même beſoin pour cela d'être étayées par d'autres. D'ailleurs, ſi vous en appellez au témoigna-ge de vos ſens, ne trouverez-vous pas dès-lors que vos sens rapportent toutes les qualités sensibles à un même lieu ; & ne vous paroîtra-t-il pas par conséquent évident qu'elles coexistent toutes ? Vos sens vous représentent-ils jamais le mouvement ou la figure comme dépouillés de toutes les autres qualités visibles ou tactiles ?

Hylas. Ne vous donnez pas la peine de vous étendre davantage là-dessus. Je vous avoue franchement qu'à moins qu'il ne se soit glissé quelqu'erreur ou quelque méprise dans ce que nous avons dit jusqu'à présent, il faut refuser également l'existence hors de l'esprit à toutes les qualités sensibles. Mais ce que je crains, c'est d'avoir été trop vîte, de vous avoir trop accordé, & d'avoir ainsi laissé passer, sans m'en appercevoir, quelques propositions que j'aurois dû vous contester. En un mot, je n'ai pas eu le temps de la réflexion.

Phil. Vous pouvez, *Hylas,* prendre autant de temps qu'il vous plaira pour réfléchir sur tout cela. Vous êtes le maître de revenir sur chacun des pas que nous avons

faits ;

faits ; & s'il se présentoit à vous quelque chose que vous eussiez omise, & qui vous parût favoriser votre opinion & être en même-temps de quelque poids, il ne tiendroit qu'à vous de m'en faire part.

Hylas. Un des plus grands torts que j'aie eus, ça été de ne pas distinguer assez entre l'objet de la sensation & la sensation même. Quoique la sensation ne puisse exister hors de l'esprit, il ne s'ensuit pas delà qu'on doive en dire autant de son objet.

Phil. De quel objet entendez-vous me parler ? Est-ce de l'objet des sens ?

Hylas. Oui.

Phil. Cet objet est donc, selon vous, apperçu immédiatement ?

Hylas. Sans doute.

Phil. Faites - moi comprendre la différence qu'il y a entre ce qu'on apperçoit immédiatement & une sensation.

Hylas. J'entends par la sensation l'acte de l'esprit qui apperçoit. Il y a, outre cela, quelque chose que l'esprit apperçoit ; & c'est ce que j'appelle l'objet de la sensation.

D

Par exemple, il y a du rouge & du jaune dans cette Tulipe ; mais l'acte d'appercevoir ces couleurs n'eſt qu'en moi.

Phil. De quelle Tulipe me parlez-vous? Eſt-ce de celle que nous voyons-là ?

Hylas. De celle-là même.

Phil. Et que voyons-nous là autre choſe que couleurs, figure & étendue?

Hylas. Rien de plus.

Phil. Tout ce que vous dites ſe réduit donc à avancer que le rouge & le jaune ſont coexiſtans avec de l'étendue ; n'eſt-ce pas ?

Hylas. Ce n'eſt pas là tout. J'ajoute encore que ces couleurs ont une exiſtence réelle hors de l'eſprit, & dans une ſubſtance deſtituée de la penſée.

Phil. Que les couleurs ſoient réellement dans la Tulipe que je vois, c'eſt une choſe manifeſte ; & on ne ſauroit nier non plus que cette Tulipe ne puiſſe exiſter indépendamment de votre eſprit & du mien. Mais qu'un objet immédiat des ſens, c'eſt-à-dire, une idée ou une combinaiſon d'idées, puiſſe exiſter dans une ſubſtance non penſante,

ou hors de tous les esprits à la fois, c'est
quelque chose qui renferme en soi une
contradiction formelle ; & je ne saurois
m'imaginer comment vous pourriez le
conclure de ce que vous avez dit tout-à-
l'heure que le rouge & le jaune étoient dans
la Tulipe que vous voyez ; puisque vous
ne prétendiez pas voir alors une substance
destituée de la pensée.

Hylas. Vous êtes bien adroit, *Philonoüs,*
à changer le sujet de la question.

Phil. Je vois que vous voulez qu'on ne
vous presse pas sur cet article ; & je reviens
par cette raison à la distinction que vous
faites entre la sensation & l'objet. Si je vous
ai bien compris, vous distinguez dans chaque perception deux choses, dont l'une est un
acte de l'esprit, & l'autre n'en est pas un.

Hylas. Précisément.

Phil. Et cet acte ne sauroit exister dans
une substance destituée de la pensée, ni lui
appartenir ; mais tout ce que la perception
renferme de plus, peut y exister.

Hylas. C'est ainsi que je l'entends.

D ij

Phil. Et par conséquent, s'il peut y avoir des perceptions qui ne foient accompagnées d'aucun acte de l'efprit, il fera impoffible que de femblables perceptions exiftent dans une fubftance non penfante ?

Hylas. J'en tombe d'accord ; mais je nie en même-temps qu'il foit poffible qu'on éprouve de pareilles perceptions.

Phil. Quand eft-ce qu'on dit que l'efprit eft actif ?

Hylas. Quand il produit, qu'il détruit, ou qu'il change quelque chofe.

Phil. Et peut-il produire, détruire ou changer quelque chofe, autrement que par un acte de la volonté ?

Hylas. Il ne le fauroit.

Phil. Il ne faut donc le regarder comme actif dans fes perceptions, qu'autant qu'elles renferment quelque volition ?

Hylas. Il eft vrai.

Phil. Lorfque je cueille cette fleur, je fuis actif, parce que c'eft-là une chofe que je fais au moyen d'un mouvement de ma main, c'eft-à-dire, en conféquence d'une volition. Je le fuis encore quand j'approche cette même fleur de mon nez. Mais l'une ou l'autre de ces deux chofes feroit-elle ce qu'on appelle fentir ?

Hylas. Point du tout.

Phil. J'agis encore lorfque j'attire l'air à travers mon nez , parce que c'eft auffi par un effet de ma volition que je préfere cette maniere d'infpirer à la maniere ordinaire. Mais c'eft-là une action qu'on ne fauroit non plus nommer fentir; car fi on pouvoit l'appeller de ce nom , il faudroit qu'on fentît toutes les fois qu'on infpireroit de la forte.

Hylas. Cela eft vrai.

Phil. L'odorat n'eft donc que conféquent à tout cela ?

Hylas. Sans doute.

Phil. Mais je ne trouve pas que ma volonté faffe rien de plus à la chofe; & s'il fe paffe en effet quelque chofe de plus en moi, comme il arrive, lorfque je reçois la perception de certaine odeur particuliere, ou même de quelque odeur que ce foit, ma volonté n'y a nulle part, & je fuis en cela

D iij

entiérement paſſif. Ne trouvez-vous pas, *Hylas*, qu'il en ſoit de même de vous?

Hylas. Préciſément.

Phil. Prenant le ſens de la vue pour exemple, n'eſt - il pas en votre pouvoir d'ouvrir les yeux, de les tenir fermés, de les tourner par préférence de tel ou tel côté?

Hylas. Je ſuis le maître de tout cela.

Phil. Mais lorſque vous regarderez ce Jaſmin, ſera-ce de même une choſe dépendante de votre volonté que d'y appercevoir du blanc plutôt que toute autre couleur; ou lorſque vous dirigerez les yeux vers cette partie du Ciel, pourrez - vous éviter d'y voir le ſoleil? En un mot, la lumiere ou l'obſcurité ſeroient-elles auſſi des effets de votre volition?

Hylas. Point du tout.

Phil. Vous êtes donc abſolument paſſif à tous ces différens égards?

Hylas. Je l'avoue.

Phil. Dites-moi maintenant ſi la vue ne conſiſte pas à appercevoir la lumiere & les couleurs, ou ſi elle conſiſteroit ſeulement à ouvrir les yeux & à les tourner de tel ou tel côté.

Hylas. C'eſt ſans doute en ce que vous avez dit d'abord.

Phil. Mais ſi vous êtes abſolument paſſif dans la perception de la lumiere & des couleurs, que ſera donc devenue cette action dont vous me parliez tout-à-l'heure, & que vous paroiſſiez regarder comme devant entrer dans chaque ſenſation ? Ne s'enſuit-il pas de vos aveux qu'une perception de lumiere & de couleur qui ne renfermeroit point d'action, pourroit exiſter dans une ſubſtance qui ne ſeroit point douée de perception ? Et n'eſt-ce pas là une contradiction manifeſte ?

Hylas. Je ne ſais trop qu'en penſer.

Phil. D'ailleurs, ſi vous diſtinguez l'actif & le paſſif dans chaque perception, il faudra en faire autant à l'égard de la douleur. Mais comment ſeroit-il poſſible qu'une douleur auſſi peu active que vous voudriez l'imaginer, exiſtât dans une ſubſtance incapable de perception ? Je ne vous demande

D iv

que de réfléchir un peu fur ce point ; & je
fuis perfuadé que vous avouerez enfuite
ingénuement que la lumiere & les couleurs,
les fons & les goûts font également des
paffions, c'eft-à-dire des fenfations qui
n'exiftent que dans l'ame. Vous pourrez,
fi vous voulez, les appeller des objets extérieurs, & leur donner dans le difcours telle
fubfiftance qu'il vous plaira ; mais exami-
nez-vous vous-même là-deffus, & dites-
moi après cela fi les chofes ne font pas
comme je l'avance.

Hylas. Je vous avoue, *Philonoüs,*
qu'après un examen mûr & circonftancié
de tout ce qui fe paffe dans mon efprit, je
n'y faurois découvrir autre chofe, finon
que je fuis un être penfant, affecté de différentes fenfations, & qu'il ne m'eft pas
poffible de concevoir comment une fenfation pourroit exifter dans une fubftance
qui ne feroit point douée de perception.
Mais auffi, lorfque j'envifage les chofes
fenfibles fous un point de vue différent,
ou que je les confidere comme autant de

modes ou de qualités, je trouve qu'il eſt néceſſaire de leur ſuppoſer ce qu'on appelle un *ſubſtratum* ou un *ſoutien* matériel, & qu'on ne ſauroit concevoir ſans cela comment elles pourroient exiſter.

Phil. Un *ſubſtratum* ou un *ſoutien* matériel, dites-vous? Apprenez-moi, je vous prie, auquel de vos ſens vous êtes redevable de la connoiſſance de cet être là.

Hylas. Il n'eſt point ſenſible par lui-même : les ſens ne peuvent en appercevoir que les modes & les qualités.

Phil. Ce ſera donc par la voie de la réflexion & de la raiſon que vous ſerez parvenu à vous en former l'idée?

Hylas. Je ne prétends en avoir aucune vraie idée, aucune idée poſitive; mais je conclus qu'il exiſte, de ce qu'on ne ſauroit concevoir que deux qualités exiſtent ſans un ſoutien.

Phil. Il ſemble donc que vous n'en avez qu'une idée relative, c'eſt-à-dire, que vous ne vous en formez l'idée qu'en tant que vous appercevez la relation qu'il a aux qualités sensibles.

Hylas. Justement.

Phil. Ayez donc la bonté de me faire connoître en quoi cette relation consiste.

Hylas. N'est-elle donc pas assez clairement exprimée par les termes *substratum*, *soutien* ou *substance* ?

Phil. En supposant ce que vous dites là, le mot *substratum* emporteroit que la chose qu'il signifieroit fut répandue sous les qualités ou les accidens sensibles.

Hylas. Il est vrai.

Phil. Et par conséquent sous l'étendue.

Hylas. J'en conviens.

Phil. Ce seroit donc en soi quelque chose d'absolument distinct de l'étendue ?

Hylas. Je vous répete que l'étendue n'est qu'un mode, & que la matiere est quelque chose qui sert de soutien aux modes. Et n'est-il pas évident que la chose soutenue est différente de celle qui soutient ?

Phil. Si bien que vous prétendriez que quelque chose de différent de l'étendue,

& même qui l'excluroit, devroit en être
suppofé le *fubftratum* ou le *foutien*.

Hylas. Précifément.

Phil. Répondez-moi, *Hylas* : une chofe
peut - elle être *répandue* fans être douée
d'étendue ? ou l'idée d'étendue n'eft - elle
pas néceffairement renfermée dans celle
d'une chofe qui eft répandue ?

Hylas. J'avoue que cela eft vrai.

Phil. Ainfi toute chofe que vous fuppo-
ferez répandue fous une autre, devra avoir
en foi une étendue différente de celle de
la chofe fous laquelle elle fera répandue.

Hylas. Cela eft encore certain.

Phil. Et par conféquent, puifque la fubftance corporelle eft, felon vous, le *fubftratum* ou le *foutien* de l'étendue, il faudra
qu'elle ait en elle-même une autre étendue
qui la rende propre à être *fubftratum* ou
foutien, & ainfi de fuite à l'infini. Or je
vous demande fi ce n'eft pas là une chofe
abfurde en foi, & en même-temps contradictoire à ce que vous m'avez accordé
tout-à-l'heure, que le *fubftratum* ou le *fou-*

tien de l'étendue devroit être quelque chose de distinct de l'étendue, & même qui l'excluroit ?

Hylas. Mais, *Philonoüs*, vous ne prenez pas bien ce que je dis. Je n'entends point que la matiere soit répandue sous l'étendue dans un sens grossier & littéral. On ne se sert du mot *substratum* ou *soutien*, que pour exprimer en général la même chose que signifie le mot *substance*.

Phil. Eh bien, examinons donc la relation que renferme le mot *substance* : n'est-ce pas celle d'être sous les accidens ?

Hylas. C'est cela même.

Phil. Mais pour qu'une chose soit sous une autre, ou qu'elle en soutienne une autre, ne faut-il pas qu'elle soit étendue ?

Hylas. Il le faut.

Phil. Et par conséquent cette supposition n'entraîne-t-elle pas avec elle les mêmes absurdités que la premiere ?

Hylas. Vous prenez toujours ce qu'on dit en un sens étroit & littéral. Cela n'est pas bien, *Philonoüs*.

Phil. Ce n'eſt point à moi à donner un ſens aux mots que vous proférez. Vous êtes maître de les expliquer à votre gré. Tout ce que je vous demande, c'eſt de faire en-ſorte qu'ils me préſentent quelque ſens. Vous me dites que la matiere ſoutient les accidens, ou qu'elle eſt ſous eux. Com-ment cela, s'il vous plaît ? Seroit-ce de la maniere dont vos jambes ſoutiennent vo-tre corps ?

Hylas. Non vraiment ; c'eſt-là le ſens littéral.

Phil. Faites-moi connoître, je vous prie, quelque ſens littéral ou non, dans lequel je puiſſe prendre ces termes..... Combien de temps me ferez - vous encore attendre votre réponſe, *Hylas* ?

Hylas. J'avoue que je ne ſais que vous dire. J'ai cru autrefois entendre aſſez bien ce que ſignifioient ces paroles, *la matiere qui ſoutient des accidens* ; mais mainte-nant plus j'y penſe, & moins je trouve qu'il me ſoit poſſible d'y donner un ſens. En un mot, je ne ſais en aucune ſorte ce qu'elles pourroient signifier.

Phil. Il semble donc que vous n'avez absolument aucune idée, ni relative ni positive de la matiere. En effet, vous ne savez ni ce qu'elle est en elle - même, ni quelle relation elle a avec ses accidens; & cela bien que ce soient ses seuls accidens qui vous fournissent les moyens de la dénommer.

Hylas. Je le reconnois.

Phil. Et cependant vous avez avancé que vous ne sauriez concevoir comment les qualités ou les accidens pourroient exister réellement sans concevoir en même-temps un soutien matériel auquel ils appartinssent.

Hylas. Il est vrai que je l'ai affirmé.

Phil. C'est-à-dire, que lorsque vous concevez l'existence réelle des qualités sensibles, vous concevez en même-temps quelque chose que vous ne pouvez cependant pas concevoir.

Hylas. Je conviens du tort que j'ai ; mais je crains toujours qu'il ne se soit glissé quelqu'erreur dans nos raifonnemens. Que penferiez-vous, s'il vous plaît, de ceci. Il m'eft venu depuis peu dans l'efprit que toutes nos méprifes provenoient de ce que nous traitions de chaque qualité en particulier, & féparément des autres. Je vous accorde donc que chaque qualité ne fauroit fubfifter feule hors de l'efprit ; que la couleur, par exemple, ne le fauroit fans l'étendue, ni la figure fans quelqu'autre qualité fenfible. Mais comme c'eft l'union & le mélange de plufieurs qualités qui forment les chofes fenfibles entieres, rien n'empêche que je ne fuppofe en même-temps qu'il exifte de ces fortes de chofes hors de l'efprit.

Phil. Ou bien vous voulez rire, *Hylas*, ou bien vous avez peu de mémoire ? Quoique nous ayons parcouru l'une après l'autre, toutes les qualités fenfibles, mes argumens, ou plutôt les aveux que j'ai tirés de vous, n'ont jamais été bornés à vous prouver que chacune des qualités fecondaires ne fauroit exifter feule & par elle-même hors de l'efprit ; & vous avez, au contraire, toujours pu en inférer qu'aucune de ces qualités ne peut exister hors de l'esprit, de quelque maniere que ce soit. Il est vrai qu'en parlant de la figure & du mouvement, nous avons conclu que ces deux qualités ne sauroient exister hors de l'entendement, parce qu'il seroit impossible de les séparer, même par la pensée, de toutes les qualités secondaires, comme il faudroit pouvoir le faire pour les concevoir existantes par elles - mêmes. Mais ce n'a pas été là le seul argument dont nous ayons fait usage en cette occasion. En effet, passant sous silence, & ne comptant pour rien, si vous le voulez ainsi, tout ce qui a été dit jusqu'à présent, je me retranche à faire dépendre la décision de la question d'un seul point de fait. Je vous demande si vous pouvez concevoir qu'un mêlange ou une combinaison de qualités sensibles, ou quelque objet sensible que ce puisse être, existe hors de l'esprit; & au cas que ce soit là une chose que vous puissiez concevoir, je conviens dès lors avec vous que c'en est une qui a lieu en effet.

(89)

Hylas. Si vous réduisez la question à ce
point, elle sera bientôt décidée. Quoi de
plus aisé que de concevoir un arbre ou une
maison existans par eux-mêmes, & indépendamment de tout esprit, c'est-à-dire,
sans supposer en même - temps qu'aucun
esprit les apperçoive ? Je les conçois dans le
moment même, existans de la sorte.

Phil. Que dites-vous là ! hé, je vous
prie, pourriez-vous voir une chose qui en
même-temps ne seroit pas vue de vous ?

Hylas. Non : il y auroit en cela une contradiction manifeste.

Phil. Et n'y auroit-il pas une aussi grande
contradiction à dire que vous concevriez
une chose qui en même - temps ne seroit
pas conçue de vous ?

Hylas. Sans doute.

Phil. Vous concevez donc la maison ou
l'arbre dont vous me parlez ?

Hylas. Comment pourroit - il en être
autrement ?

Phil. Et ce que vous concevez, est
sûrement dans votre esprit ?

Hylas. Cela ne fait point une queſtion : ce que je conçois de moi eſt dans mon eſprit.

Phil. Comment m'avez - vous donc pu dire que vous conceviez une maiſon ou un arbre, exiſtans indépendamment de tous les eſprits & hors de tous les eſprits.

Hylas. Je conviens que c'étoit une mé-priſe ; mais arrêtez un peu, & permettez-moi d'examiner ce qui avoit pu m'y con-duire. ... Vraiment la raiſon en avoit été aſſez ſinguliere. Comme je penſois à un arbre, & que je me le figurois dans un en-droit écarté où il n'y auroit eu alors perſonne qui eût pu le voir, s'il y eût été en effet, il m'a paru que c'étoit concevoir un arbre comme exiſtant hors de l'eſprit, c'eſt-à-dire, comme exiſtant, ſans qu'il fût néanmoins apperçu ou qu'on y penſât ; & je ne faiſois pas attention que je l'appercevois & que j'y penſois moi - même pendant tout ce temps-là. Mais je vois à préſent clairement que tout ce que je puis faire ſur ce ſujet conſiſte à me former des idées dans l'eſprit.

Il eſt, à la vérité, en mon pouvoir de concevoir dans ma penſée l'idée d'un arbre, d'une maiſon, ou d'une montagne ; mais c'eſt-là tout, & il s'en faut bien que cela ne prouve que je puiſſe concevoir les choſes dont j'ai parlé comme *exiſtantes hors des entendemens de tous les eſprits.*

Phil. Vous convenez donc qu'il ne vous feroit pas poſſible de concevoir comment quelque choſe de corporel & de ſenſible exiſteroit autre part que dans un eſprit ?

Hylas. Je le reconnois.

Phil. Et cependant vous ſoutenez avec chaleur la réalité de choſes que vous ne pouvez pas même concevoir.

Hylas. J'avoue que vous me perſuadez ; cependant il me reſte toujours quelques ſcrupules. N'eſt-il pas certain que nous voyons les choſes à une diſtance détermi-née ? N'appercevons-nous pas, par exem-ple, la lune & les étoiles dans un très-grand éloignement ? n'eſt-ce pas là, dis-je, une choſe manifeſte aux ſens ?

Phil. N'appercevez-vous pas auſſi dans

les songes les mêmes objets, ou des objets semblables ?

Hylas. Oui.

Phil. Et ne vous paroissent-ils pas alors dans ce même éloignement ?

Hylas. Il est vrai.

Phil. Mais vous ne concluez pas que les objets que les songes vous offrent soient hors de votre esprit ?

Hylas. Nullement.

Phil. L'apparence des objets sensibles, ni la maniere dont les objets sont apperçus de vous, ne doivent donc pas vous suffire pour conclure que ces mêmes objets existent hors de l'esprit.

Hylas. J'en conviens ; mais mes sens ne me tromperoient-ils pas en ces occasions ?

Phil. Cela ne se peut. Ni vos sens ni votre raison ne vous apprennent que l'idée ou la chose que vous appercevez immédiatement existe actuellement hors de votre esprit. Tout ce que vos sens en particulier vous font connoître, c'est que vous êtes affecté de certaines fenfations de lumiere, de couleurs, &c; & quant à ces fenfations, vous ne direz pas qu'elles exiftent hors de votre efprit.

Hylas. Je vous l'accorde; mais après tout, ne penfez-vous pas que la vue porte à l'efprit quelque idée d'extériorité ou de diftance?

Phil. Pour pouvoir mieux répondre à cette queftion, trouvez bon que je vous demande moi - même fi la groffeur apparente & la figure d'un objet éloigné, ne changent pas continuellement, à mefure qu'on s'en approche de plus en plus, ou s'il feroit vrai de dire qu'elles paroiffent les mêmes à toutes les diftances?

Hylas. Elles varient continuellement.

Phil. Mais fi à mefure que vous vous approchez davantage d'un objet vifible que vous avez apperçu immédiatement, il fe préfente fucceffivement à votre efprit une fuite continue d'objets vifibles différens, le fens de la vue ne fauroit alors vous donner lieu de penfer, ni à plus forte raifon vous apprendre en aucune maniere, que cet objet exifte à une certaine diftance, ou que vous l'appercevrez encore lorfque vous vous ferez plus avancé vers lui.

Hylas. Non : mais lorfque je vois un objet, je fais du moins quel autre objet j'appercevrai quand je ferai parvenu à une certaine diftance de l'endroit où je fuis placé ; & foit que ce doive être exactement le même ou non, il y a toujours dans la perception que j'en ai , quelque chofe qui fe rapporte à *de la diftance.*

Phil. Mon cher *Hylas ,* faites feulement quelques réflexions fur le fujet que nous difcutons maintenant, & dites-moi enfuite fi vous aurez trouvé autre chofe, finon que l'expérience vous a appris à inférer des idées que vous appercevez actuellement par la vue , quelles autres idées doivent vous affecter après une certaine fucceffion de temps & de mouvemens , conformément à l'ordre qui eft établi dans la nature.

Hylas. Tout confidéré, je penfe qu'il n'y a rien de plus dans tout cela.

Phil. Or n'est-il pas clair que si nous supposons qu'un aveugle né vînt tout-à-coup à être doué de la vue, il n'auroit aucune expérience des idées auxquelles celles qu'il recevroit par la vue devroient le conduire ?

Hylas. Cela est indubitable.

Phil. Il n'attacheroit donc, selon vous, aucune notion de distance aux choses qu'il verroit ; mais il les prendroit pour un nouvel ordre de sensations qui ne pourroient exister autre part que dans son esprit.

Hylas. On ne sauroit le contester.

Phil. Pour vous rendre la chose encore plus claire, dites-moi un peu si toute distance n'est pas une droite qui se termine à l'œil ?

Hylas. Sans contredit.

Phil. Et pensez-vous qu'une ligne située de la sorte puisse être apperçue par l'organe de la vue ?

Hylas, Nullement.

Phil. Et par conséquent ne s'enfuit-il pas delà que la distance n'est point apperçue proprement & immédiatement par la vue?

Hylas. Cela me paroîtroit ainfi.

Phil. Allons plus loin; croiriez - vous que les couleurs fuffent fituées à une certaine diftance de l'œil qui les apperçoit?

Hylas. Il faut convenir, au contraire, qu'elles ne peuvent exifter autre part que dans l'efprit.

Phil. Mais les couleurs ne paroiffent-elles pas cependant à nos yeux coexifter avec l'étendue & les figures?

Hylas. Cela eft vrai.

Phil. Comment donc votre vue pourroit - elle vous fervir à conclure que les figures exiftent hors de votre efprit, puifque de votre aveu il en eft autrement des couleurs, & que l'apparence fenfible eft d'ailleurs la même des deux parts?

Hylas. Je ne fais que répondre à ce que vous me dites-là.

Phil. Mais quand on vous accorderoit que l'efprit apperçût véritablement & immédiatement la diftance, ce n'en feroit pas néanmoins affez pour pouvoir conclure que

la

la diftance exiftât hors de l'efprit. En effet,
toutes les chofes que nous appercevons immédiatement font des idées, & aucune idée
peut-elle exifter hors de l'efprit?

Hylas. Ce feroit une abfurdité que de le
fuppofer : mais apprenez - moi, je vous
prie, *Philonoüs,* fi nous pouvons appercevoir ou connoître rien de plus que nos
propres idées?

Phil. Il n'eft point queftion ici des
moyens que la raifon pourroit nous fournir
pour remonter des effets à leurs caufes ; &
quant à ce qui regarde les fens, vous pouvez décider vous-même fi vous appercevez
par leur moyen rien que vous n'apperceviez
immédiatement. Je vous demande donc de
mon côté fi vous appercevez immédiatement autre chofe que vos propres fenfations
ou vos propres idées. Il eft vrai que vous
vous êtes expliqué plus d'une fois là-deffus
dans le cours de notre entretien ; mais cette
derniere queftion que vous me faites, me
donne lieu de juger que vous pourriez avoir
abandonné votre premier fentiment.

E

Hylas. À vous dire la vérité, *Philonoüs*, je croirois qu'il y a deux sortes d'objets ; les uns qui font dans l'ame même, qu'on apperçoit par conséquent immédiatement, & qu'on appelle par cette raison des *idées* ; & les autres extérieurs à l'ame, qui font ces chofes réelles qu'on apperçoit par la médiation des idées, & dont les idées font les images & les repréfentations. Or je conviens que les idées ne fauroient exifter hors de l'efprit ; mais je ne penfe pas la même chofe de la derniere forte d'objets dont je viens de vous parler. Je fuis fâché de ne vous avoir pas fait plutôt cette diftinc-tion ; elle auroit vraifemblablement préve-nu ce que vous m'avez dit en dernier lieu.

Phil. Et ces objets extérieurs, eft-ce par les fens ou par quelqu'autre faculté qu'on les apperçoit ?

Hylas. C'eft par les fens.

Phil. Comment ! on apperçoit donc par les fens quelque chofe qu'on n'apperçoit pas immédiatement ?

Hylas. Oui, *Philonoüs*, cela eft vrai à

quelques égards ; par exemple , quand je regarde un Tableau ou une Statue qui re- préfente Jules-Céfar, on peut dire d'une certaine maniere que j'apperçois Jules- Céfar par les fens, quoique ce ne foit pas immédiatement.

Phil. Il femble donc que vous penfez que nos idées , qui font les feules chofes que nous appercevions immédiatement, font les portraits des chofes extérieures ; & que nos fens apperçoivent les chofes exté- rieures , au moyen de la conformité ou de la reffemblance qu'elles ont avec nos idées.

Hylas. C'eft ce que je voulois dire.

Phil. Et comme dans votre exemple Jules - Céfar, tout invifible qu'il eft en lui- même , eft néanmoins apperçu par la vue ; les chofes réelles qui ne peuvent non plus être apperçues par elles-mêmes, n'en font cependant pas moins propres à être ap- perçues par les fens.

Hylas. Précifément.

Phil. Dites-moi, *Hylas*, lorfque vous appercevez le portrait de Jules-Céfar, vos yeux voient-ils rien de plus que quelques couleurs & quelques figures , avec une certaine fymétrie & une certaine compofi- tion de ces deux chofes ?

Hylas. Nullement.

Phil. Et un homme qui n'auroit jamais entendu parler de Jules-Céfar, n'en verroit- il pas autant ?

Hylas. J'en conviens.

Phil. Sa vue, & l'ufage qu'il en feroit, ne le céderoient donc point en perfection ni à la vôtre ni à l'ufage que vous faites de la vôtre ?

Hylas. J'en conviens encore.

Phil. D'où vient donc que vos penfées fe rapportent à l'Empereur Romain, & qu'il n'en feroit pas de même de celles de l'homme dont nous parlons ? C'eft une chofe dont vous ne fauriez trouver la caufe dans les fenfations ou les idées des fens que vous appercevez alors ; puifque vous re- connoiffez n'avoir à cet égard aucun avan- tage fur ce même homme : il faut donc la chercher dans votre raifon & dans votre mémoire, n'eft-ce pas ?

Hylas. A la bonne heure.

Phil. Et par conséquent il ne s'enfuit point du tout de votre exemple que vos fens apperçoivent quelque chofe qu'ils n'apperçoivent pas immédiatement. Je vous avouerai cependant qu'on peut dire, fuivant une certaine acception des mots, qu'on apperçoit les chofes fenfibles par la médiation des fens ; & c'eft en tant que la connexion qu'on a fréquemment obfervée entre deux idées, fait que la perception immédiate de l'une, laquelle on a eue par le moyen d'un fens, réveille dans l'efprit les perceptions des autres, lefquelles font ordinairement liées avec celle-ci, & peuvent appartenir à un autre fens. J'entends, par exemple, le bruit d'un caroffe qui paffe dans la rue : je n'apperçois alors immédiatement que du fon ; & quoique l'expérience que j'ai qu'un pareil fon eft lié d'ordinaire à la préfence d'un caroffe, puiffe me faire dire que j'entends le caroffe, il eft néanmoins très-évident que dans le vrai & dans la rigueur des termes, je ne puis en-

E iij

rendre autre chofe que du fon. Ce n'eft
donc pas proprement par le fens de l'ouie
que j'apperçois alors le caroffe ; mais c'eft
l'expérience qui en fuggére l'idée à mon
efprit, à l'occafion du fon que j'ai apperçu
par le fens de l'ouie. De même, lorfque
nous difons que nous voyons une barre de
fer rouge, la folidité & la chaleur du fer
ne font pas alors les objets de notre vue ;
mais les idées de ces qualités font réveillées
dans notre imagination par la couleur &
la figure que notre vue apperçoit proprement. En un mot, nos fens n'apperçoivent
jamais autre chofe, en tel temps que nous
puiffions choifir pour exemple, que ce qu'ils
appercevroient, fi c'étoit le premier moment où nous en fiffions ufage ; & il eft évident que c'eft l'expérience que nous tirons
de nos perceptions antérieures, qui offre
& qui fuggére feule tout le refte à notre
efprit. Pour revenir maintenant à votre
comparaifon du portrait de Jules-Céfar,
il eft clair que fi vous vous en tenez à cet
exemple, vous ne fauriez vous empêcher

de convenir que les chofes réelles ou les archétypes de nos idées, ne font nullement apperçues par nos fens, & qu'elles ne le font, au contraire, que par quelque faculté interne de notre ame, comme la raifon ou la mémoire. Je defirerois donc de favoir de vous quels argumens vous pouvez tirer de la raifon, pour prouver l'exiftence de ce que vous appellez les chofes extérieures ou les objets matériels ; ou bien fi vous vous reffouviendriez d'avoir vu autrefois ces chofes telles qu'elles font en elles-mêmes, ou d'avoir oui dire, ou lu quelque part, que quelqu'autre que vous eût jamais eu cet avantage ?

Hylas. Je vois, *Philonoüs*, que vous avez envie de railler. Mais ce n'en fera jamais affez pour me convaincre.

Phil. Je ne me propofe rien de plus que de favoir de vous comment il faut s'y pren-dre pour parvenir à la connoiffance de ces êtres matériels dont vous me parlez. Tout ce que nous appercevons, nous l'apperce-vons ou immédiatement ou médiatement,

ou par les fens, ou par la raifon & les réflexions ; & puifque vous avez donné l'ex-
clufion à la voie des fens, il ne me refte
plus qu'à vous prier de me montrer comment la raifon peut vous porter à croire à
l'exiftence de ces mêmes êtres, & quel raifonnement vous pourriez mettre en ufage
pour m'en convaincre, &, fi vous aimez
mieux, pour vous en convaincre vous-
même ?

Hylas. Pour vous parler avec ingénuité,
Philonoüs, à préfent que je confidere la
chofe à fond, je n'apperçois aucune bonne
raifon qu'il me foit poffible de vous donner
pour cela : mais auffi me paroît-il très clair
qu'on ne fauroit au moins difconvenir que
les objets extérieurs ne puiffent exifter réellement ; & puifqu'il n'y a point d'abfurdité
à fuppofer qu'ils exiftent en effet de la
forte, je fuis réfolu à m'en tenir à ce que
j'ai cru jufqu'ici là-deffus, à moins que vous
ne m'apportiez des preuves convaincantes
pour me perfuader du contraire.

Phil. Hé quoi ! en êtes-vous déjà au point

de ne pouvoir vous empêcher d'avouer que vous n'avez d'autre raison de croire à l'existence des objets extérieurs à l'esprit, que leur seule possibilité, & de me demander, après cet aveu, sur quelles raisons je pourrois me déterminer à rejetter votre sentiment ; & cela, quoique vous ne puissiez ignorer que la raison veut que ce soit celui qui soutient une affirmative qui soit tenu à produire ses preuves. Après tout, ce même point que vous êtes maintenant résolu à soutenir, sans avoir aucune raison de le faire, n'est en effet autre chose que ce que vous avez cru plus d'une fois, dans le cours de cet entretien, être forcé par de très-bonnes raisons à abandonner entiérement. Mais pour passer là-dessus, vous dites, si je vous entends bien, que nos idées n'existent point hors de l'esprit, & que ce ne sont que des copies, des images ou des représentations de certains originaux qui existent hors de l'esprit?

Hylas. Précisément.

E v

Phil. Elles reſſemblent donc aux objets
extérieurs ?

Hylas. Sans doute.

Phil. Ces objets extérieurs ne ſont-ils
pas d'une nature permanente & indépendante de nos ſens ; ou ſeroient-ils ſujets
à des changemens continuels, ſuivant qu'il
nous plairoit de produire des mouvemens
dans notre corps, ou bien encore ſuivant
que les facultés ou les organes de nos ſens
ſeroient en exercice, ou qu'ils ſeroient
ſuſpendus, ou qu'ils ſouffriroient même
quelque altération ?

Hylas. Il eſt clair que les êtres réels
doivent avoir une nature réelle & fixe,
qui reſte toujours la même, malgré les
changemens qui peuvent ſurvenir, ſoit dans
nos ſens, ſoit dans les attitudes, ou les
mouvemens des différentes parties de notre
corps. Tous ces changemens peuvent influer
ſur les idées que nous avons dans l'eſprit ;
mais leurs effets ne ſauroient s'étendre juſ-
que ſur les choſes qui exiſtent hors de nous.

Phil. Comment peut-il donc ſe faire

que des chofes continuellement variables ,
& , pour ainfi dire flottantes , telles que
font nos idées , foient des copies ou des
images de quelque chofe de fixe & de conftant? Ou en d'autres termes , puifque toutes
les qualités fenfibles , telles que la grandeur, la figure , la couleur, &c.; en un mot,
toutes nos idées , participent ou fe fentent
à chaque inftant de la moindre altération
qui peut furvenir dans la diftance, le milieu
ou les inftrumens de la fenfation , comment
aucun objet matériel déterminé pourra-t-il
être fucceffivement repréfenté ou dépeint
à notre efprit par plufieurs chofes diftinctes
les unes des autres , & dont chacune en
particulier fera fi différente de toutes les
autres & leur reffemblera fi peu? Et fi vous
me dites que cet objet ne reffemblera qu'à
quelques-unes de nos idées feulement ,
comment pourrons-nous alors diftinguer
la vraie copie de toutes les autres que vous
avouerez être fauffes?

Hylas. Je ne vous cache point que vous

m'embarraffez beaucoup : je ne fais que dire à tout cela.

Phil. Ce n'eft cependant pas là tout. Lequel des deux croyez-vous que les objets matériels foient en eux-mêmes propres à être apperçus, ou imperceptibles ?

Hylas. Nous ne pouvons appercevoir proprement & immédiatement que des idées. Ainfi les chofes matérielles font en elles-mêmes infenfibles, & ne peuvent être apperçues que par la médiation de leurs idées.

Phil. C'eft-à-dire, que les idées font fenfibles, & que leurs achétypes ou originaux font infenfibles ?

Hylas. Juftement.

Phil. Mais comment ce qui eft fenfible peut-il être femblable à ce qui eft infenfible ? Une chofe qui eft actuellement *invifible* en elle-même, peut-elle donc reffembler à une *couleur* ? Ou une chofe qu'on ne fauroit *entendre*, peut-elle être femblable à un fon ? En un mot, y a-t-il rien qui puiffe reffembler à une fenfation ou à une idée de quelqu'efpece que ce foit, fi ce n'eft une

autre senfation ou une autre idée de même
efpece ?

Hylas. Je fuis obligé de vous avouer que
je crois que non.

Phil. Eft-il poffible que vous formiez
le moindre doute là-deffus ? N'avez-vous
donc pas une connoiffance parfaite de vos
propres idées ?

Hylas. Je les connois fans doute parfai-
ment, puifque rien de ce que je n'apperçois
point, ou de ce que je ne connois point,
ne fauroit en faire partie.

Phil. Confidérez-les donc avec attention, examinez-les, & dites-moi enfuite fi
vous y trouvez la moindre chofe qui puiffe
exifter hors de l'efprit, ou fi vous pouvez
concevoir rien qui leur reffemble, & qui
en même-temps exifte hors de l'efprit ?

Hylas. Les recherches que je fais là-deffus aboutiffent à me convaincre qu'il m'eft
impoffible de concevoir ou d'entendre comment autre chofe qu'une idée pourroit reffembler à une idée ; & il eft très-évident
qu'aucune idée ne fauroit exifter hors de
l'efprit.

Phil. Vos principes vous conduisent
donc néceffairement à nier la réalité des
objets fenfibles, puifque vous avez fait
confifter cette réalité dans une exiftence
abfolue extérieure à l'efprit. Vous êtes
donc un vrai Sceptique, & par conféquent
je fuis venu à bout de ce que je me propo-
fois dans notre difpute, je veux dire, de
faire voir que vos principes conduifoient
au Scepticifme.

Hylas. Si je ne fuis pas tout-à-fait convaincu, me voilà au moins réduit pour le
préfent au filence.

Phil. Vous me feriez plaifir de me dire
ce que vous pourriez defirer de plus pour
qu'il ne manquât rien à votre conviction.
Ne vous ai-je point laiffé la liberté de vous
expliquer de toutes les manieres que vous
avez voulu ? Penfériez-vous que dans le
feu du difcours il eût pu nous échapper des
méprifes que nous aurions mifes enfuite
mal-à-propos en principes dans quelque
raifonnement ? N'avez-vous pas été le
maître de vous rétracter, ainfi que d'ap-

puyer tout ce que vous m'avez propofé
de la maniere que vous avez jugée la plus
convenable aux vues que vous aviez ? N'ai-
je pas écouté & difcuté tout ce que vous
m'avez allégué avec toute la candeur poffible ? En un mot, n'avez-vous pas été convaincu fur chaque article par vos propres
aveux ? Et fi vous pouvez maintenant découvrir quelqu'érreur dans quelques-uns
de ceux que vous m'avez faits, ou imaginer
quelque fubterfuge qui vous refteroit,
quelque nouvelle diftinction à m'apporter,
un nouveau tour à donner à quelque chofe
que vous m'ayez dit, ou quelque com-
mentaire à y ajouter, pourquoi ne vous
mettez-vous pas en devoir de le faire ?

Hylas. Un peu de patience, *Philonoüs.*
Je fuis, quant à préfent, fi interdit de me
trouver arrêté dans les labyrinthes où vous
avez eu l'adreffe de m'attirer, qu'il ne faut
pas vous attendre que je découvre tout
d'un coup les chemins par où je pourrois
en fortir. Je vous demande du temps pour
y fonger, & pour me reconnoître.

Phil. Ecoutez, je vous prie, n'est-ce pas
la cloche de notre Collége que j'entends ?

Hylas. Elle nous appelle à la Priere.

Phil. Allons-y donc ; & si cela vous fait
plaisir, nous nous retrouverons demain
matin en ce même endroit. Vous pourrez,
en attendant, faire vos réflexions sur la conversation que nous venons d'avoir ensemble, & chercher en même-temps à découvrir s'il se seroit glissé des faussetés dans ce
que j'ai avancé, ou à imaginer quelque
nouveau moyen de vous tirer d'affaire.

Hylas. Volontiers.

SECOND

DIALOGUE.

❖————————————❖

HYLAS. Je vous demande pardon, *Philonoüs*, de n'être par arrivé plutôt à notre rendez-vous; j'ai eu, toute la matinée, la tête si remplie de notre conversation d'hier, que j'en ai oublié de penser à l'heure qu'il étoit, & même à toute autre chose.

Phil. Je suis charmé que vous vous en soyiez tant occupé, parce que cela me fait espérer que s'il s'est glissé quelqu'erreur dans les aveux que vous m'avez faits, ou quelque fausseté dans les inductions que j'en ai tirées, vous allez maintenant me les faire appercevoir.

Hylas. Je vous protefte que depuis que je ne vous ai vu, je n'ai fait autre chofe que chercher des erreurs & des fauffetés dans notre converfation ; & que pour y en découvrir, j'ai même examiné dans le plus grand détail la fuite entiere de nos difcours: mais toutes ces recherches ont été vaines. Plus j'ai réfléchi fur les notions que j'ai reçues de vous, plus elles m'ont paru claires & évidentes ; & plus j'y penfe encore, plus je trouve qu'il me feroit impoffible de leur refufer mon acquiefcement.

Phil. Et n'eft-ce pas là, felon vous, une marque que ces mêmes notions font juftes, qu'elles tirent leur origine de la nature, & qu'elles font conformes à la droite raifon ? La vérité & la beauté ont cela de femblable, qu'à mefure qu'on les examine de plus près, elles paroiffent l'une & l'autre de plus en plus à leur avantage ; au-lieu que le faux éclat de l'erreur ou du mafque ne fouffre point l'examen, & qu'il ne fauroit foutenir d'être vu de près.

Hylas. J'avoue qu'il y a beaucoup de

(115)

folidité dans ce que vous m'avez dit-là ; &
tant que j'ai devant les yeux les raifonnemens qui conduifent à de fi étranges conféquences, on ne fauroit être plus pleinement
convaincu que je le fuis de leur vérité : mais
pour peu que j'en éloigne mon efprit, je
trouve d'un autre côté quelque chofe de fi
fatisfaifant, de fi naturel, & de fi intelligible dans la maniere dont les Modernes
expliquent les mêmes phénomenes, que je
ne fais non plus comment rejetter leur
fentiment.

Phil. J'ignore de quelle explication vous
voulez-me parler.

Hylas. Je parle de celle qu'on donne de
nos fenfations & de nos idées.

Phil. Et comment s'y prend-t-on pour
rendre raifon de la maniere dont nous en
fommes affectés ?

Hylas. On fuppofe que l'ame fait fa
réfidence dans quelque partie du cerveau,
de laquelle les nerfs tirent leur origine,
pour fe diftribuer enfuite dans toutes les
parties du corps ; que les objets extérieurs

communiquent des mouvemens de vibration aux nerfs , en vertu des différentes
impreſſions qu'ils font ſur les organes des
ſens ; que les nerfs qui ſont remplis d'eſprits,
ont par cette raiſon la faculté de porter
ou de répandre ces ſortes de vibrations
juſqu'au cerveau , ou au ſiege de l'ame ; enfin, que notre eſprit eſt affecté de différentes idées , ſuivant les différentes impreſſions
ou les différentes traces que tout cela forme
dans le cerveau.

Phil. Et eſt-ce là ce que vous appellez
une explication de la maniere ſuivant laquelle nous ſommes affectés de différentes
idées ?

Hylas. Pourquoi non , *Philonoüs* ?
Auriez-vous quelque choſe à m'objecter
là-deſſus ?

Phil. Je voudrois ſavoir d'abord ſi j'ai
bien pris votre hypotheſe. Vous prétendez
que certaines traces qui ſe formeroient
dans le cerveau, pourroient être les cauſes
ou les occaſions de nos idées. Dites-moi,
je vous prie, ſi par le mot *cerveau*, vous

entendez quelque chose de sensible ?

Hylas. Quelle autre chose pourrois-je donc entendre par ce mot ?

Phil. Mais les choses sensibles ont toutes la propriété de pouvoir être apperçues immédiatement : les choses que nous pouvons appercevoir immédiatement ne peuvent d'ailleurs être que des idées : enfin, les idées ne sauroient exister que dans l'esprit seulement. Ce sont là, si je ne me trompe, autant d'articles dont nous sommes déjà convenus

Hylas. Je ne vous le conteste point.

Phil. Et par conséquent le cerveau dont vous me parlez, & qui est une chose sensible, n'existe que dans l'esprit. Or je voudrois fort savoir si vous penseriez qu'il fût raisonnable de dire, qu'une de nos idées, ou une chose qui n'existeroit que dans notre esprit, seroit l'occasion de toutes nos autres idées ; & au cas que vous jugeassiez que ce fût là en effet une chose raisonnable, je vous prierois alors de m'apprendre comment vous expliqueriez l'origine de cette idée première, ou du cerveau même.

Hylas. Ce n'est point par ce cerveau que nos sens apperçoivent, & qui n'est lui-même autre chose qu'une combinaison d'idées sensibles, que je prétendrois vous expliquer l'origine de toutes nos autres idées, mais par un autre que j'imagine.

Phil. Mais les choses que nous imaginons, ne sont-elles pas aussi véritablement dans notre esprit, que celles que nous appercevons ?

Hylas. Je ne saurois m'empêcher d'en convenir.

Phil. Ce dernier sentiment reviendroit donc en effet à celui dont je vous parlois ; & puisque vous n'avez fait jusqu'ici autre chose que de tâcher de m'expliquer l'origine des idées par certains mouvemens, ou certaines impressions qu'on supposeroit dans le cerveau, vous avez prétendu par consé-quent pouvoir expliquer ce phénomene par quelques altérations qui surviendroient dans une idée, sensible ou imaginable, qu'im-porte?

Hylas. Je commence à soupçonner un peu mon hypothese.

Phil. Tout ce que nous connoissons de différent des esprits se réduit à nos propres idées. Lorsque vous dites que toutes les idées sont occasionnées par des impressions qui se font dans le cerveau, je puis donc vous demander si vous concevez ce cerveau, ou si vous ne le concevez pas ; & ajouter à cela que si vous le concevez, vous me parlez d'idées imprimées dans une autre idée, & vous voulez que celle-ci soit la cause de celles-là, ce qui est absurde ; & que si vous ne le concevez pas, vous me parlez d'une maniere tout-à-fait inintelligible, bien loin de me proposer une hypothese fondée en raison.

Hylas. Je vois maintenant clairement que tout ce que je vous disois là n'étoit qu'un beau songe, & que mon système étoit entiérement destitué de solidité.

Phil. Ne vous en affligez pas beaucoup ; car après tout, cette maniere d'expliquer les choses, pour me servir de vos termes, ne pourroit jamais satisfaire aucune personne sensée. Quelle liaison y a-t-il entre un mouvement dans les nerfs , & les fenfations du fon ou de la couleur que l'ame reçoit ? ou comment feroit-il poffible que les dernieres de ces chofes fuffent l'effet de la premiere ?

Hylas. Mais je n'aurois jamais penfé qu'il y eût fi peu de fondement à tout cela que je le vois maintenant.

Phil. Eh bien donc , êtes - vous enfin pleinement convaincu que les chofes fenfibles n'ont point d'exiftence réelle , & avouez-vous que dans le vrai vous êtes un Sceptique tout-à-fait indécis ?

Hylas. La chofe eft trop claire pour m'y oppofer.

Phil. Tournez les yeux , *Hylas* : voyez ces campagnes ; ne font-elles pas couvertes d'une verdure charmante ? ne trouvez-vous pas dans ces bois & ces bofquets, dans ces ruiffeaux & ces fources d'une eau claire, quelque chofe qui flatte l'efprit, qui le fatisfait & qui le tranfporte. A la vue du vafte & profond Océan , de quelques montagnes énormes dont le fommet fe perd dans les

nues.

nues, ou d'une forêt antique & sombre, votre esprit ne se sent-il point rempli d'une espece d'horreur, où vous découvrez néanmoins encore, je ne sais quoi, qui vous plaît? L'aspect sauvage des rochers & des déserts n'a-t-il pas aussi ses agrémens? Quelles délices plus pures, que d'admirer les beautés naturelles de la terre? Le voile de la nuit ne vient-il pas alternativement se répandre sur elle, & nous la découvrir, pour renouveller le plaisir que nous goûtons à la contempler; & ne se joint-il pas aux saisons pour en varier la parure? Quel concert dans la disposition mutuelle des Elémens! Que de variétés & d'usages dans les pierres & les minéraux! Quelle délicatesse, quelle beauté, & quel artifice dans la construction des corps des animaux & des végétaux! Avec combien de justesse toutes ces choses ne se rapportent-elles point, soit à leurs fins particulieres, soit à la constitution du tout dont elles sont autant de parties? Et en même-temps qu'elles s'entraident & qu'elles se soûtiennent les unes les autres dans leurs actions, ne contribuent-elles pas en cette forte à fe donner du jour, & à s'embellir mutuelle- ment ? De cette boule de terre, élevez maintenant vos regards jufqu'à ces lumi- naires éclatans qui ornent la voûte célefte. Les fituations refpectives & les mouvemens des planetes ne font-ils point véritablement merveilleux, foit par l'ordre qui y regne, foit par leurs ufages ? Ces globes qu'on avoit mal-à-propos nommés errans, fe font-ils jamais écartés de leurs routes dans ces voyages immenfes qu'ils ont recom- mencés tant de fois ? Les chemins qu'ils ont parcourus de tous les temps autour du foleil, ont-ils jamais manqué de ré- pondre à des aires de fecteurs elliptiques proportionnelles aux temps dans lefquels ils ont été parcourus ? Tant il eft vrai que les loix, fuivant lefquelles l'Auteur invi- fible de la nature agit dans l'Univers, font conftantes & immuables ! Combien la lu- miere que jettent les étoiles fixes, n'eft-elle pas vive & brillante ? Que de magnificence

& de richesse ne décele point cette négli-
gente profusion avec laquelle elles paroissent
répandues au hasard dans la profondeur
immense de toute la voûte azurée ? Cependant si vous prenez un télescope, cette
même voûte vous offrira alors de nouvelles
légions d'étoiles qui auroient échappé à
vos yeux destitués de ce secours. D'ici
elles vous paroissent extrêmement petites,
& comme se toucher ; mais en approchant
d'assez près, vous découvririez en elles des
globes immenses de lumiere, situés à des
distances prodigieuses les uns des autres,
& qui se perdent dans les abîmes de l'espace.
C'est maintenant qu'il est nécessaire de
vous aider de votre imagination. Les sens
sont trop foibles, & la sphere de leur
portée trop étroite, pour pouvoir saisir des
mondes innombrables, qui tournent autour
d'autant de feux placés à leurs centres, &
l'énergie d'un esprit souverainement parfait, qui se déploie dans chacun d'eux sous
une infinité de formes. Mais ni les sens ni
l'imagination n'ont assez de force pour

comprendre l'étendue fans bornes avec tous
fes riches ameublemens. Que l'efprit de
l'homme travaille tant qu'il voudra, & qu'il
donne tel exercice qu'il lui plaira à toutes
fes facultés, il ne pourra jamais pouffer fi
loin les idées qu'il fe fera formées, qu'il ne
refte encore après cela un furplus immenfe
où il n'aura pu atteindre. Cependant, quelque diftance qu'il y ait entre ces vaftes corps
qui compofent la fabrique étonnante du
monde, ils n'en font pas moins retenus,
& comme enchaînés par un méchanifme
fecret, par quelque art, & par quelque
force divine, dans la dépendance les uns
des autres, & dans un commerce mutuel
les uns avec les autres, même avec cette
terre qui échappe prefque à ma penfée, &
fe perd dans la foule des mondes. Le fyftême total de ces mêmes corps n'eft-il pas
enfin immenfe, beau & glorieux au-deffus
de l'expreffion & de la penfée? Quel traite-
ment ne méritent donc pas ces Philofophes,
qui voudroient priver un fpectacle fi ravif-
fant de toute réalité, & quel accueil pour-

rions-nous faire à des principes qui nous
meneroient à penser que toutes les beautés
visibles de la création, semblables à un
espece de clinquant, n'ont qu'un brillant
passager, faux & imaginaire. Pour parler
sans détour, pouvez-vous vous flatter que
ce Scepticisme, où ceux qui suivent vos
sentimens se font laissés entraîner, ne soit
pas regardé comme la chose la plus absurde
& la plus extravagante, par tous les gens
sensés ?

Hylas. Tout autre que vous pourra en
penser ce qu'il lui plaira ; mais quant à
vous, vous n'avez rien à me reprocher là-
dessus : ce qui pourroit me consoler un peu,
c'est que vous n'êtes pas moins Sceptique
que moi.

Phil. C'est en quoi, *Hylas*, je ne suis
point du tout de votre avis.

Hylas. Quoi, vous m'auriez jusqu'ici
accordé toutes les prémisses, & vous
prétendriez vous refuser aux conséquences,
& me laisser ainsi soutenir seul des paradoxes où vous m'avez-vous-même conduit ?

Certainement cela ne feroit pas joli

Phil. Je ne conviens pas avec vous d'avoir admis aucune notion qui pût conduire au Scepticifme. Vous avez dit, il eft vrai, que la réalité des chofes fenfibles confiftoit en une exiftence abfolue hors des efprits, ou diftincte de la qualité que ces chofes ont d'être apperçues; & fuivant cette notion de la réalité, vous êtes obligé de refufer toute exiftence aux chofes fenfibles, c'eft-à-dire, qu'en conféquence de votre propre définition, vous devez faire profeffion du Scepticifme. Mais je n'ai, quant à moi, ni dit ni penfé que la réalité des chofes fenfibles pût être définie de la forte. Il m'eft évident à moi, par les raifons dont vous êtes tombé d'accord, que les chofes fenfibles ne peuvent exifter autre part que dans un entendement ou un efprit; & je conclus delà, non qu'elles n'ont pas une exiftence réelle, mais qu'attendu qu'elles ne dépendent point de ma penfée, ou qu'elles ont une exiftence diftincte de la qualité d'être apperçues de moi, *il faut* qu'il y ait quelqu'autre esprit dans lequel elles existent. Ainsi, autant qu'il est certain que le monde sensible existe réellement, autant l'est-il qu'il existe un Esprit infini, & présent par-tout, qui le contient & qui le soutient.

Hylas. Hé quoi ! il n'y a en cela rien de plus que ce que je pense aussi de mon côté avec tous les Chrétiens, & même avec tous les autres hommes qui croient qu'il existe un Dieu, lequel connoît & comprend toutes choses.

Phil. Oui ; mais avec cette différence que le motif qu'on a d'ordinaire pour croire que toutes les choses font connues, ou apperçues de Dieu, consiste en ce qu'on est déjà convaincu de l'existence de Dieu : au-lieu que je conclus immédiatement & nécessairement l'existence de Dieu, de ce que les choses sensibles doivent être apperçues de lui.

Hylas. Au reste, dès-lors que nous croyons tous deux la même chose, qu'importe par quel moyen nous soyions parvenus l'un & l'autre à l'opinion qui nous eſt commune.

Phil. Mais nous ne convenons pas même dans nos ſentimens ; car en reconnoiſſant, ainſi que moi, que tous les êtres corporels ſont apperçus de Dieu, vous leur attribuez de plus, avec les Philoſophes, une ſubſiſtance abſolument diſtincte de la qualité d'être apperçu d'aucun eſprit, ce que je ne fais pas. De plus, n'y a-t-il donc point de différence entre dire *qu'il y a un Dieu, & que par conſéquent il apperçoit toutes choſes,* ou bien dire, *que les choſes ſenſibles exiſtent réellement ; que ſi elles exiſtent réellement, elles ſont néceſſairement apperçues par un Eſprit infini, & qu'ainſi il exiſte un Eſprit infini, ou un Dieu.* Je tire en cette ſorte d'un principe très-évident, une démonſtration directe & immédiate de l'exiſtence de Dieu. Les Théologiens & les Philoſophes ſe ſont ſervis de la beauté, & des uſages de diverſes parties du monde créé pour prouver ſans réplique que c'eſt-là un chef-d'œuvre de la main d'un Dieu. Mais que

fans avoir recours ni à l'Aftronomie, ni à
la Philofophie naturelle, & que laiffant à
part la contemplation de l'artifice, de l'ordre, & de la proportion mutuelle qu'on
obferve dans les êtres créés, on vienne à
bout d'inférer néceffairement l'exiftence
d'un Efprit infini de la feule exiftence du
monde fenfible, c'eft un avantage particu-
lierà ceux-là feuls qui ont fait ces réflexions
fi fimples, que le monde fenfible n'eft autre
chofe que ce que nous appercevons par le
fecours de nos différens fens ; que les fens
ne peuvent d'ailleurs appercevoir rien de
plus que nos idées ; enfin, qu'aucune idée
ou aucun archétype d'idée ne peut exifter
autre part que dans un efprit. Vous pouvez
maintenant, fans vous donner la peine
de faire de profondes recherches dans les
Sciences, fans recourir aux fubtilités de
la raifon, ou fans vous engager dans des
difcuffions longues on ennuyeufes, atta-
quer à découvert, & confondre infaillible-
ment le plus hardi partifan de l'Athéifme.
Ces miférables réfuges, foit dans une

fucceſſion éternelle de cauſes ou d'effets
non penſans , ſoit dans un concours for-
tuit d'atômes , ces imaginations extravagantes de Vannini , de Hobbes & de Spi-
noſa , & , pour le dire en un mot, le ſyſtême
entier de l'Athéiſme , tout cela n'eſt-il pas
entiérement renverſé par la ſeule réflexion
qu'on peut faire ſur la répugnance qu'il y
auroit à ſuppoſer que la totalité , ou que
quelque partie du monde viſible , même la
plus groſſiere ou la plus informe , exiſtât
hors d'un eſprit. Que chacun de ces fauteurs
d'impiété tourne ſon attention ſur ſes propres penſées , & qu'il eſſaie s'il pourra
concevoir comment un rocher , un déſert ,
un cahos , ou , s'il aime mieux , un amas
confus d'atômes , en un mot , une choſe
telle qu'il voudra , ſoit ſenſible , ſoit imaginable , pourroit exiſter hors d'un eſprit ;
& il n'aura pas beſoin d'aller plus loin ,
pour ſe convaincre de ſa folie. Peut-on
s'imaginer rien de plus ſatisfaiſant que de
réduire une diſpute au point de donner à
ſon adverſaire à décider s'il peut conce-

voir, même dans sa seule pensée, ce qu'il soutient avoir lieu dans la nature, ou de consentir à lui accorder l'existence réelle de tout ce qu'il prétend être existant, dès-lors qu'il en aura pu établir la notion ?

Hylas. On ne sauroit disconvenir que la Religion ne puisse retirer de grands avantages de votre opinion ; mais ne lui trouvez-vous pas quelque ressemblance avec un autre sentiment qui a été embrassé par des Modernes d'un mérite éminent, savoir, que nous voyons toutes choses en Dieu ?

Phil. Je serois charmé d'être instruit de cette opinion, & je vous prie de me l'expliquer.

Hylas. On part du principe que l'esprit de l'homme, qui est immatériel, ne sauroit s'unir aux choses matérielles de maniere à pouvoir les appercevoir en elles-mêmes, & que par conséquent il ne les apperçoit qu'au moyen de son union avec la substance divine, qui étant spirituelle & purement intelligible, peut ainsi être l'objet immédiat de la pensée. De plus, l'essence divine

renferme en foi des perfections correſpon-
dantes à celles de chaque être créé , & qui
ſont par cette raiſon propres à repréſenter
ces êtres , & à les faire appercevoir.

Phil. Je ne comprends pas comment
nos idées , qui ſont des choſes abſolument
paſſives , ou deſtituées de toute activité ,
peuvent être la même choſe que l'eſſence ,
ou quelque partie (ou comme quelque
partie) de l'eſſence ou de la ſubſtance de
Dieu , qui eſt un être indiviſible non paſſif ,
& au contraire purement actif. Il ſe pré-
ſente à moi , dès le premier coup-d'œil , pluſieurs autres difficultés ou objections qu'on
pourroit faire contre ce ſyſtême : mais je
me contenterai d'ajouter , qu'il faut , ſi on
l'admet , adopter toutes les abſurdités des
hypotheſes que je combats ; puiſqu'on doit
prétendre alors qu'un monde créé exiſte
autre part que dans l'entendement d'un
eſprit ; outre qu'il a encore ceci de particulier , que c'eſt tout-à-fait gratuitement qu'il
ſuppoſe l'exiſtence du monde matériel. Or
ſi dans les Sciences on regarde comme un

bon argument contre d'autres systêmes, de faire voir qu'ils supposeroient que la Nature ou la Sagesse divine auroient fait quelque chose en vain, ou que l'une ou l'autre auroit produit par des moyens trop longs, détournés ou compliqués, ce qu'elle auroit pu produire d'une maniere plus courte, plus directe & plus simple ; que faudra-t-il penser d'une opinion où l'on suppose que le monde entier a été créé en vain ?

Hylas. Mais que dites-vous là ? N'êtes-vous donc pas aussi du sentiment que nous voyons toutes choses en Dieu ? Si je ne me trompe, ce que vous avancez revient à-peu-près à cela.

Phil. Je conviens parfaitement de ce que dit l'Ecriture-Sainte, que *nous vivons*, que *nous sommes mus*, & que *nous existons en Dieu* ; mais je suis bien éloigné de croire que nous voyons les choses en lui de la maniere que vous venez de l'exposer. Voici en deux mots mon sentiment : Il est évident que je n'apperçois autre chose que mes propres idées, & qu'aucune idée ne sauroit exifter, à moins que ce ne foit dans un efprit. Il n'eft pas moins clair que ces idées, ou ces chofes que j'apperçois, ou leurs archétypes, exiftent indépendamment de mon efprit; puifque je fais que je n'en fuis pas moi-même l'auteur, ou qu'il eft hors de mon pouvoir de déterminer à mon gré de quelles idées particulieres je ferai affecté lorfque j'ouvrirai les yeux & les oreilles; & il faut par conféquent que ces mêmes idées exiftent dans quelqu'autre efprit, à la volonté duquel elles me foient repréfentées. Toutes les chofes que j'apperçois immédiatement font, dis-je, des idées ou des fenfations, quelle que foit celle de ces deux manieres dont vous préfériez de les appeller. Mais comment pourroit-il fe faire qu'aucune idée, ou aucune fenfation exiftât autre part que dans un entendement, ou qu'elle fût produite par une caufe différente d'un efprit ? Ce feroit là certainement une chofe inconcevable ; & affirmer ce qui eft inconcevable, c'eft dire une abfurdité ; n'eft-ce pas ?

Hylas. Sans doute.

Phil. D'un autre côté, il est très-concevable que nos idées existent dans un esprit différent du nôtre, & qu'elles soient produites en nous par un tel esprit, puisque cette opinion ne renferme rien de plus que ce que nous éprouvons tous les jours en nous-mêmes. En effet, n'appercevons-nous pas des idées sans nombre, & ne pouvons-nous pas en former, ou en réveiller à notre gré dans notre imagination une grande variété ; avec cette différence cependant, que celles qui auront été produites par notre imagination ne seront pas tout-à-fait si distinctes, si fortes, si vives & si permanentes que celles que nous aurons apperçues par nos sens, & qu'on appelle choses réelles ? Je conclus donc delà qu'il existe un esprit qui m'affecte à chaque moment des impressions sensibles que je reçois ; & cela en même-temps que la variété, & l'ordre qui regne entre ces impressions, & la maniere dont j'en suis affecté, me servent à inférer que ce même esprit qui en est l'auteur est fage, puiffant & bon, au-delà de ce qu'on peut comprendre. Remarquez bien que je ne dis pas que nous voyons les chofes en appercevant les attributs de la fubftance intelligible de Dieu, qui peuvent nous les repréfenter ; ce feroit-là une affertion à laquelle je ne pourrois rien comprendre. Je dis feulement que les chofes que nous appercevons font connues par l'entende- ment d'un Efprit infini, & produites en nous par fa volonté ; & tout cela n'eft-il pas très-clair & très-évident ? Ou pourriez- vous y trouver autre chofe que ce que les obfervations les plus légeres que nous puif- fions faire fur la nature de notre propre efprit, nous mettent en état de concevoir, & nous obligent même à reconnoître ?

Hylas. Je crois vous entendre parfaite- ment ; & j'avoue que la preuve que vous donnez de l'exiftence de la Divinité, ne me paroît pas moins claire que furprenante. Mais en convenant que Dieu eft la caufe fuprême & univerfelle de toutes chofes, ne puis-je pas prétendre qu'il exifte encore

une troisieme espece de nature, distincte
des esprits & des idées ? Ne puis-je pas
admettre une cause subordonnée & limitée
de nos idées ? En un mot, ne peut-il pas,
malgré cela, exister encore de la matiere ?

Phil. Combien de fois faudra-t-il que
je revienne à vous inculquer une même
chose ? Vous m'accordez que ce que nos
sens apperçoivent immédiatement ne peut
exister hors d'un esprit. D'ailleurs il n'est
rien d'apperçu par nos sens, qui n'en soit
apperçu immédiatement. Il n'y a donc rien
de sensible qui existe hors de tout esprit.
La matiere sur l'existence de laquelle vous
insistez toujours, devroit donc, à ce qu'il
semble, si elle existoit en effet, être quelque chose d'intelligible, c'est-à-dire, quelque chose dont l'existence pourroit être
connue de nous par le secours de la raison,
& en même-temps ne sauroit l'être par
celui des sens.

Hylas. C'est la vérité.

Phil. Faites-moi donc savoir, je vous
prie, sur quel raisonnement peut être fon-

dée l'opinion que vous avez qu'il existe de la matiere, & ce que peut être la *matiere*, dans l'acception suivant laquelle vous prenez maintenant ce mot.

Hylas. Je me trouve affecté d'un grand nombre d'idées, dont je reconnois que je ne suis point la cause : elles ne sont point d'un autre côté les causes les unes ni des autres : enfin, elles ne sont point non plus les causes d'elles-mêmes, ou elles ne peuvent subsister par elles-mêmes, attendu que ce sont des êtres entiérement destitués d'activité, passagers & dépendans ; elles ont donc quelque cause distincte de moi & d'elles-mêmes, de laquelle je ne prétends connoître autre chose, sinon qu'elle est *la cause de mes idées* ; & cette cause, quelle qu'elle puisse être, je l'appelle *matiere*.

Phil. Dites-moi, *Hylas*, chacun a-t-il la liberté de changer à son gré la signification reçue & propre des mots dont on fait ordinairement usage dans les Langues ? Supposé, par exemple, qu'un Voyageur vous dit que dans un certain pays où il a

été, les hommes paſſent à travers le feu
ſans en être endommagés, & qu'après avoir
tiré de lui l'explication d'un fait ſi ſingulier,
vous trouvaſſiez qu'il entend par le mot
feu ce que nous entendons par le mot *eau*;
ou ſuppoſé encore que ce même Voyageur
affirmât que dans le pays dont il vous par-
leroit, les arbres marchent ſur deux jambes,
entendant par le mot *arbre* ce que nous
entendons par le mot *homme*; jugeriez-
vous que tout cela fût fort raiſonnable?

Hylas. Au contraire, je penſerois qu'il n'y
auroit rien de plus puérile. La coutume eſt,
pour ainſi dire, l'*étalon* auquel nous devons
toujours rapporter les mots, pour juger de
leur propriété. S'il arrive donc qu'un homme affecte de parler d'une maniere impro-
pre, on peut alors dire de lui qu'il pervertit
l'uſage du diſcours; & c'eſt une choſe qui
ne peut produire d'autre effet que de prolonger & de multiplier les diſputes, dans
des cas même où l'on ne ſeroit pas dans
le fonds d'un avis différent.

Phil. Et la matiere, ſuivant la maniere

ordinaire de prendre ce mot, n'eſt-elle pas une ſubſtance étendue, ſolide, mobile, deſtituée de la faculté de penſer & de celle d'agir ?

Hylas. C'eſt cela même.

Phil. Mais ne vous ai-je pas prouvé évidemment qu'une telle ſubſtance ne pouvoit exiſter ; & en ſuppoſant même qu'il fût poſſible qu'elle exiſtât, comment ce qui eſt deſtitué d'activité pourroit-il être une cauſe, ou comment ce qui eſt deſtitué de la faculté de penſer pourroit-il être cauſe d'une penſée? Vous êtes, à la vérité, le maître d'attacher, ſi vous voulez, au mot *matiere,* un ſens différent de celui dans lequel on le prend ordinairement, & de me dire que vous entendez par ce mot un être non étendu, penſant & actif, qui eſt la cauſe de nos idées : mais que ſeroit-ce que cela, ſinon jouer ſur les mots & tomber dans la même faute que vous m'avez reprochée il y a quelque temps, ſans en avoir la même raiſon ? Je ne trouve point qu'il y ait rien à reprendre dans le raiſonnement par lequel vous déduifez en général l'exiftence d'une caufe de celle des phénomenes ; mais je nie que la caufe que vous déduifez d'une maniere légitime des phénomenes , puiffe être nommée proprement *matiere*.

Hylas. Il y a, en effet, du vrai dans ce que vous venez de me dire. Je ne voudrois en aucune forte que vous penfaffiez que je nie que Dieu, ou un efprit infini, foit la caufe fuprême de toutes chofes. Tout ce que je prétends, c'eft qu'il exifte encore d'autres caufes fubordonnées à l'agent fuprême, & d'une nature limitée & inférieure à celle de cet agent, qui concourent avec lui à la production de nos idées, non par un acte de volonté , ni par une activité , ou une influence qui puiffe convenir à un efprit, mais par l'efpece d'action qui appartient à la matiere, je veux dire, par le mouvement.

Phil. Je vois bien que malgré tout ce que nous avons dit jufqu'à préfent, vous retombez à tout moment dans votre ancienne opinion, qu'il exifte hors de l'efprit une substance mobile, & par conséquent étendue. Quoi ! avez-vous donc déjà oublié que je vous ai pleinement convaincu sur cet article ? Et voudriez-vous que je vous répétasse maintenant tout ce que je vous ai dit là-dessus ? En vérité ce n'est pas en bien agir, que de continuer toujours à supposer l'existence d'une chose que vous avez si souvent reconnu n'avoir aucune existence. Mais pour ne pas insister davantage sur un point que nous avons déjà si amplement discuté, je me contente de vous demander si toutes nos idées ne sont pas tout-à-fait passives, & dans un vrai état d'inertie, & s'il n'est pas même certain qu'elles ne renferment en elles-mêmes rien qui ait rapport à une action.

Hylas. J'en conviens.

Phil. Et les qualités sensibles sont-elles autre chose que des idées ?

Hylas. Combien de fois n'ai-je pas reconnu qu'elles n'étoient rien de plus ?

Phil. Mais le mouvement n'est-il pas une qualité sensible ?

Hylas. C'en est une.

Phil. Ce n'est donc pas une action ?

Hylas. Je vous l'accorde ; & en effet, il est très-clair, que lorsque je remue mon doigt, mon doigt reste pendant tout ce temps-là passif, au-lieu que ma volonté, qui produit le mouvement, est active.

Phil. Or je voudrois bien savoir en premier lieu, si ayant reconnu que le mouvement n'est pas une action, vous pouvez concevoir aucune autre action que la volition ; en second lieu, si dire quelque chose, & en même-temps ne rien concevoir, ce n'est pas parler d'une maniere contraire au bon sens ; enfin, si après être convenu de la vérité des principes que je viens de poser, vous ne vous appercevez point que ce seroit une chose extrêmement déraisonnable & absurde, que d'imaginer quelque cause efficiente ou active de nos idées, différente d'un esprit.

Hylas. Je conviens de tout cela ; mais quoique la matiere ne puisse être une cause, je ne vois pas cependant ce qui empêcheroit qu'elle ne fût un inftrument qui ferviroit à l'agent fuprême dans la production de nos idées.

Phil. Un inftrument, dites-vous ! & je vous prie, quels pourroient être les ref-forts, les roues, le mouvement & la figure de cet inftrument ?

Hylas. Ce feroient-là autant de chofes que je ne prétendrois pas déterminer. La fubftance & les qualités de l'inftrument dont je vous parle, me feroient également in-connues.

Phil. Quoï, vous penferiez donc que cet inftrument feroit fait de parties incon-nues, qu'il auroit des mouvemens incon-nus, & une figure inconnue ?

Hylas. Je ne croirois point qu'il eût du tout de figure, ou de mouvement ; car je fuis convaincu que nulle qualité fenfible ne fauroit exifter dans une fubftance qui ne feroit point douée de perception.

Phil. Mais quelle notion vous feroit-il poffible de vous former d'un inftrument deftitué destitué de toutes les qualités sensibles même de l'étendue ?

Hylas. Je ne prétendrois en avoir aucune notion.

Phil. Et quelle raison auriez-vous donc de penser que ce *quelque chose* d'inconnu & d'inconcevable existeroit ? Seroit-ce que vous imagineriez que Dieu ne pourroit agir aussi-bien qu'il fait sans ce secours, ou que vous auriez reconnu par l'expérience, & en formant des idées dans votre propre esprit, l'usage de *quelqu'autre chose* de semblable ?

Hylas. Vous ne cessez de me chicanner sur les raisons que je puis avoir, pour ajouter foi à mon opinion ; & je vous prie, quelle raison avez-vous de votre côté pour n'y point croire ?

Phil. Quand je n'ai point de raison de croire à une chose, j'ai dès-lors une raison suffisante de n'y point croire ; mais pour ne nous pas arrêter sur les raisons que nous pourrions avoir l'un & l'autre pour croire, ou ne point croire à la chose dont il est ici

G

queſtion entre nous, vous ne ſauriez au moins venir à bout de m'apprendre quelle ſeroit cette choſe, à laquelle vous voudriez que je cruſſe ; puiſque vous avouez que vous n'en avez pas la moindre notion. Or cela poſé, je me borne à vous prier de conſidérer, s'il eſt digne d'un Philoſophe, ou même d'un homme ſenſé, de prétendre croire, ſans ſavoir ni quoi, ni pourquoi ?

Hylas. Doucement, *Philonoüs ;* lorſque je vous dis que la matiere eſt un inſtrument, ne penſez pas que je n'entende par-là rien du tout. Il eſt vrai que je ne ſais pas préciſément quelle eſpece particuliere d'inſtrument la matiere peut être ; mais j'ai malgré cela quelque notion d'un inſtrument en général, que j'applique en cette occaſion.

Phil. Mais que direz-vous ſi l'on vous prouve qu'il y a, même dans la notion la plus générale d'un inſtrument pris dans un ſens différent de celui d'une *cauſe,* quelque choſe qui rend l'uſage de tout inſtrument incompatible avec les attributs divins ?

Hylas. Faites-moi voir cela, & je n'aurai plus rien à vous repliquer.

(147)

Phil. Q'entendez-vous, s'il vous plaît, par la nature ou la notion générale d'un instrument ?

Hylas. Les propriétés qui font communes à tous les instrumens particuliers, composent la notion générale d'un instrument.

Phil. N'est-ce pas une propriété commune à tous les instrumens, qu'on ne s'en serve que pour exécuter les seules choses dont on ne peut venir à bout par un simple acte de la volonté ? Je ne me sers, par exemple, d'aucun instrument pour remuer mon doigt, parce que c'est-là une action que je puis faire au moyen d'une simple volition ; mais j'en emploie lorsque je me propose de remuer une portion de rocher, ou de déraciner un arbre. N'êtes-vous pas de ce même avis, ou pourriez-vous me faire voir quelque exemple où l'on fît usage d'un instrument pour produire un effet, qui dépendît immédiatement de la volonté de l'agent ?

Hylas. J'avoue que je ne le saurois.

Phil. Comment donc voudriez-vous

ſuppoſer qu'un eſprit infiniment parfait ,
de la volonté duquel il n'eſt rien qui ne dé-
penſe abſolument & immédiatement, pût
avoir beſoin d'un inſtrument dans ſes opérations ; ou que n'en ayant pas beſoin, il
en fit néanmoins uſage ? Et ne ſemble-t-il
pas en conſéquence, que vous ne ſauriez
vous empêcher d'avouer que l'uſage d'un
inſtrument inanimé & deſtitué d'activité ,
eſt incompatible avec la perfection infinie
de Dieu ; c'eſt-à-dire, que de votre propre
aveu , vous ne pouvez vous empêcher de
vous rendre ſur l'article dont il eſt maintenant queſtion entre nous.

Hylas. Je ne vois pas tout d'un coup
ce que je pourrois avoir à vous répondre.

Phil. Mais je penſois que vous ne feriez
point difficulté de céder à la force de la
vérité, une fois qu'elle vous auroit été bien
prouvée. Il eſt vrai que nous, dont la puiſ-
ſance eſt limitée, nous ſommes obligés de
faire uſage de différens inſtrumens ; mais
l'uſage même que l'agent qui emploie les
inſtrumens en fait, eſt la preuve que ſon

activité a reçu des bornes d'un autre être,
& qu'il n'est point en son pouvoir de réussir dans ses desseins, autrement que par
cette voie ou sous la condition de la suivre.
Il paroît donc qu'il s'ensuit clairement delà que l'agent suprême, dont la puissance
est sans bornes, ne doit se servir en aucune
sorte d'instrumens. La volonté d'un esprit
tout-puissant n'est pas plutôt en exercice,
qu'elle est accompagnée de l'effet ; & cela
sans l'application des moyens , que des
agens inférieurs sont au contraire obligés
d'employer, non à raison d'une efficacité
réelle, ou de quelque disposition nécessaire
à la production d'un effet , laquelle ils
trouvent en ces moyens, mais uniquement
parce qu'ils sont soumis aux loix de la
nature, & par rapport à la seule obligation
où ils sont, de se conformer aux conditions
qui leur ont été prescrites par l'agent suprême, qui, quant à lui, ne reconnoît ni
limitation, ni dépendance.

Hylas. Hé bien, je ne vous soutiendrai
plus que la matiere puisse être un instru-

ment ; mais ne penfez pas pour cela que je me défifte de croire à fon exiftence. Je vois malgré tout ce que vous m'avez dit, qu'elle peut toujours être une occafion.

Phil. Combien de formes doit donc prendre votre matiere, ou combien de fois faudra-t-il que je vous prouve qu'elle n'exifte point, avant que vous puifliez vous réfoudre à vous en détacher ? Mais pour ne rien ajouter là-deffus (quoique fuivant les loix de la difpute je ferois fondé à me plaindre, de ce que vous changez fi fouvent la fignification du terme dont il eft principalement queftion entre vous & moi) je voudrois bien favoir ce que vous prétendez, quand, après être déjà convenu que la matiere ne peut être une caufe, vous avancez qu'elle eft une *occafion* : & lorfque vous m'aurez montré en quel fens vous entendez le terme *occafion*, vous m'obligerez encore ; fi vous voulez bien me faire connoître quelle peut être la raifon qui vous porte à croire que nous ayons befoin d'*occafions* pour appercevoir nos idées ?

Hylas. Quant au premier article , j'entends par *occafion* un être deftitué d'activité & de penfée , à la préfence duquel Dieu excite des idées dans nos efprits.

Phil. Et quelle peut être la nature de cet être , deftitué d'activité & de penfée ?

Hylas. Je n'en connois point du tout la nature.

Phil. Paffons donc au fecond article , & affignez-moi quelque raifon qui puiffe vous porter à attribuer l'exiftence à cet être non actif, non penfant, & inconnu.

Hylas. Lorfqu'on s'apperçoit qu'on eft frappé d'une maniere réguliere & conftante de différentes idées , il eft naturel de penfer que ces idées dépendent de quelques occafions conftantes & régulieres , à la préfence defquelles on en eft affecté.

Phil. Vous reconnoiffez donc que Dieu eft la feule caufe de nos idées ; & vous ajoutez à cela qu'il nous en affecte à la préfence des occafions dont vous parlez ?

Hylas. C'eft ce que je penfe.

Phil. Et ces chofes que vous dites être

préfentes à Dieu, fans doute que Dieu les apperçoit.

Hylas. Certainement ; fans quoi elles ne pourroient pas lui fournir une occafion d'agir.

Phil. Sans m'arrêter ici à la demande que je ferois fondé à vous faire, de prouver cette hypothefe, ou de vous mettre au moins en devoir de répondre à toutes les queftions, & à toutes les objections embarraffantes auxquelles elle peut donner lieu, je vous prierai feulement de me dire fi la fageffe & la puiffance divine ne fuffifent pas pour rendre raifon de l'ordre & de la régularité qu'on obferve dans la fucceffion de nos idées, ou plus généralement dans le cours de la nature ; ou bien fi ce ne feroit pas déroger aux attributs de l'Être infiniment parfait, que de prétendre qu'une fubftance deftituée de la faculté de penfer, pût influer fur fon action, & la diriger, en lui apprenant ou lui rappellant quand il devroit agir, ou ce qu'il devroit faire ; enfin fi, en fuppofant même que je vous accordaffe tout ce que vous foutenez , cet aveu que vous feriez venu à bout de tirer de moi, pourroit faire la moindre chofe à la queftion que nous agitons, vu fur-tout la difficulté qu'il y auroit à concevoir comment l'exiftence extérieure & abfolue d'une fubftance non penfante, c'eft-à-dire , fon exiftence diftincte de la qualité qu'elle auroit d'être apperçue , pourroit être déduite de ce dont je ferois convenu avec vous, que parmi les chofes qui font apperçues de l'efprit de Dieu, il peut y en avoir qui lui fervent d'occafions pour produire en nous des idées ?

Hylas. Je ne fais abfolument que penfer de tout cela, car cette notion d'occafion me paroît maintenant auffi deftituée de fens , que toutes les autres dont il a déjà fallu me défaire.

Phil. Ne voulez-vous donc pas vous appercevoir une bonne fois que dans toutes les acceptions différentes, fuivant lefquelles vous avez pris le mot *matiere*, vous n'avez fait autre chofe que fuppofer l'exiftence

G v

de ce que vous ne connoissiez point, &
cela sans avoir ni raison ni motif pour en
user de la sorte.

Hylas. Je vous avoue franchement que
depuis que vous avez si bien épluché les
notions dont j'étois prévenu, j'en suis beaucoup moins entêté; mais il me semble toujours que j'apperçois confusément qu'il
existe quelque chose de semblable à de
la *matiere.*

Phil. Ou vous appercevez l'existence de
la matiere immédiatement, ou vous l'appercevez par la médiation de quelqu'autre
chose. Si c'est immédiatement que vous
l'appercevez, je vous prie de m'apprendre
quel est celui de vos sens qui vous en fournit la notion; & si c'est par la médiation
d'autre chose que vous en avez la perception, je vous prie de me faire connoître
par quel raisonnement vous pouvez venir
à bout de la déduire des choses que vous
appercevez immédiatement. Je n'en dirai
pas davantage sur cette perception que
vous prétendez avoir de l'existence de la

matiere ; mais quant à la matiere elle-même, je vous demanderai encore si c'est un objet, un *substratum*, une cause ou une occasion. Vous avez déjà défendu successivement chacun de ces sentimens, en variant tant qu'il vous a plu sur les notions que vous aviez d'abord adoptées, & en faisant paroître la matiere tantôt sous une forme, & tantôt sous une autre. De mon côté j'ai combattu, & je compte même avoir détruit tout ce que vous avez pu jusqu'ici m'alléguer là-dessus ; & s'il vous reste quelque chose à me proposer, je ne demande pas mieux que de l'entendre.

Hylas. Je pense que je vous ai déjà dit tout ce que j'avois à vous dire, & je ne vois plus qu'il me reste aucune autre instance à vous faire.

Phil. Et vous avez cependant bien de la peine à vous dépouiller de vos anciens préjugés. Pour vous en faciliter de plus en plus les moyens, je vous prie, indépendamment de ce que je vous ai déjà conseillé, de vouloir bien examiner un moment, si, dans

G vj

la suppofition que la matiere exiftât, vous feriez en état de concevoir comment vous en pourriez être affecté ; ou fi, en fuppofant qu'elle n'exiftât point, ce ne feroit pas une chofe évidente, que vous pourriez malgré cela être affecté des mêmes idées que vous recevez à préfent, & avoir par conféquent les mêmes raifons que vous pouvez avoir maintenant de croire à fon exiftence.

Hylas. Je reconnois qu'il eft poffible que nous appercevions tout ce que nous appercevons à préfent, & de la même maniere que nous l'appercevons, fans qu'il y ait de la matiere dans le monde ; & je conviens d'un autre côté qu'en fuppofant de la matiere dans le monde, je ne conçois pas comment cette matiere pourroit faire naître aucune idée dans nos efprits. J'avoue encore que vous m'avez parfaitement prouvé qu'il eft impoffible qu'il exifte quelque chofe de femblable à de la matiere, dans quelques-unes des acceptions précédentes ; mais je ne faurois malgré cela m'empêcher de fuppofer qu'il exifte de la matiere en un fens ou en un autre ; quoiqu'à la vérité je ne prétende point déterminer en quel fens.

Phil. Je ne m'attends pas que vous me donniez une définition exacte de la nature de cet être inconnu. Ayez feulement la bonté de me dire fi c'eft une fubftance ; & au cas que vous croyez que c'en foit une, apprenez-moi encore fi vous pouvez concevoir une fubftance fans accidens ; ou, fuppofé que vous prétendiez que ce foit une fubftance qui ait des accidens ou des qualités, faites-moi, s'il vous plaît, connoître ce que peuvent être ces qualités, ou au moins ce que l'on entend quand on dit que la matiere en eft le foutien.

Hylas. Nous avons déjà difcouru de tous ces chefs, & je n'ai plus rien à ajouter à ce que je vous ai dit fur chacun en particulier. Mais pour prévenir les queftions que vous pourriez me faire encore, je vous déclare que je n'entends plus maintenant par le mot *matiere*, ni une fubftance, ni un accident, ni un être penfant, ni un être étendu ;

mais quelque chofe d'abfolument inconnu, & en même-temps de diftinct de tout cela.

Phil. Il femble donc que vous ne renfermez plus, dans la notion que vous faites maintenant en forte de me donner de la matiere, que la feule idée générale & abftraite d'*entité.*

Hylas. Je n'y fais entrer rien de plus, fi ce n'eft que j'ajoute à l'idée générale dont vous parlez, la négation de toutes les chofes, ou de toutes les idées particulieres, que j'apperçois, que j'imagine, ou dont j'ai l'appréhenfion, de telle maniere que vous voudrez.

Phil. Où fuppofez-vous, je vous prie, que cette matiere inconnue exifte ?

Hylas. Ha, *Philonoüs* ! vous croyez pour le coup me tenir ; car fi je dis qu'elle exifte dans un lieu, vous inférerez delà qu'elle exifte dans l'efprit, puifqu'il a été prouvé que le lieu, ou l'étendue n'exiftoit autre part que dans l'efprit. Mais je n'ai pas honte d'avouer mon ignorance. Je ne fais où la matiere exifte : tout ce dont je fuis sûr, c'eft qu'elle n'exifte pas dans un lieu. Je ne vous fais là qu'une réponfe négative : mais n'en attendez point d'autres à toutes les queftions que vous pourrez me faire dorénavant fur la matiere.

Phil. Puifque vous ne voulez pas me dire où la matiere exifte, ayez du moins la complaifance de m'apprendre de quelle maniere vous fuppofez qu'elle exifte, ou ce que vous entendez par fon exiftence.

Hylas. Elle ne penfe ni n'agit, elle n'apperçoit ni n'eft apperçue.

Phil. Mais que peut-il donc y avoir de pofitif dans la notion abftraite que vous vous formez de l'exiftence de la matiere ?

Hylas. En examinant la chofe de près, je ne trouve point que j'aie aucune notion pofitive de l'exiftence de la matiere, ou que je puiffe prendre les mots qui pourroient me fervir à définir l'exiftence de la matiere, dans aucune acception pofitive. Je vous dis de nouveau que je n'ai point honte d'avouer mon ignorance. Je ne fais, ni ce que je dois entendre par l'exiftence de la matiere, ni comment la matiere exiſte.

Phil. Continuez, cher *Hylas*, d'en agir d'une maniere ſi ingénue, & dites-moi ſincérement ſi vous pouvez vous former une idée diſtincte de l'entité en général, abſtraction faite de tous les êtres tant penſans que corporels; en un mot, de toutes choſes, quelles qu'elles puiſſent être, ou par excluſion de toutes choſes?

Hylas. Attendez; permettez que j'y penſe un peu.... Je vous avoue franchement, *Philonoüs*, que je ne trouve point que je le puiſſe. Il me paroiſſoit du premier coup-d'œil que j'avois quelque notion confuſe & ſuperficielle de l'entité pure & abſtraite : mais une attention plus mûre a fait diſparoître cette notion de mon eſprit. Plus j'y penſe, plus je me confirme dans la réſolution que j'ai priſe de ne vous plus faire que des réponſes négatives, & de ne plus prétendre à aucune connoiſſance ou perception poſitive de la matiere, pas même du moindre degré de clarté. Où eſt la matiere? comment eſt-elle? qu'eſt-elle? ou

quelles font les chofes qui peuvent lui appartenir ? ce font-là autant de points que je
fais profeffion d'ignorer abfolument.

Phil. Ainfi quand vous parlez de l'exiftence de la matiere, vous n'avez alors
aucune notion dans l'efprit ?

Hylas. Aucune.

Phil. Dites-moi, je vous prie, fi vous
n'avez pas paffé, depuis que nous nous
entretenons enfemble, par tous les états
que je vais vous rappeller ? L'opinion où
vous étiez qu'il exiftoit une fubftance matérielle, vous faifoit foutenir d'abord que les
objets immédiats de vos perceptions exiftoient hors de votre efprit ; vous vous êtes
réduit après cela, à en dire autant de leurs
archétypes, puis de leurs caufes, puis de
leurs inftrumens, puis de leurs occafions ;
enfin, vous vous retranchez maintenant fur
quelque chofe en général, mots qui, pour
peu qu'on s'attache à en rechercher le fens,
fe trouveront ne fignifier autre chofe que
le pur néant. Et ainfi la matiere viendra
abfolument à rien. Qu'en penfez-vous,

Hylas ? n'eft-ce pas là le vrai fommaire de tout ce que vous m'avez dit jufqu'à préfent ?

Hylas. Qu'il en foit ce qu'il vous plaira, j'infifte toujours fur ce point, que de n'être point en état de concevoir une chofe, ce n'eft pas une raifon pour prétendre que cette chofe n'exifte point.

Phil. Que d'une caufe, d'un effet, d'une opération, d'un figne, ou d'une autre cir-conftance, on puiffe inférer avec raifon l'exiftence d'une chofe qu'on n'apperçoit pas immédiatement, & qu'il foit abfurde de contefter l'exiftence d'une chofe par la raifon qu'on n'a point une notion directe & pofitive de cette chofe ; c'eft ce que j'avoue volontiers. Mais lorfque nous ne fommes déterminés par aucun de ces mo-tifs à croire à l'exiftence de cette même chofe ; lorfque ni la raifon ni la révélation ne nous y portent ; lorfque nous n'avons pas même une notion relative de la chofe ; lorfqu'il faut, pour tâcher de s'en former une notion de cette efpece, commencer

par faire des abſtractions, de ce qui apperçoit & de ce qui eſt apperçu, de l'eſprit
& de l'idée ; enfin, lorſqu'on ne parvient
pas même par-là à cette notion imparfaite
ou foible qu'on cherche à ſe former ; je ne
vous dirai pas, à la vérité, que c'en ſoit aſſez
de tout cela pour refuſer d'admettre la
réalité de la notion dont il s'agit, ou l'exiſtence de la choſe qui en eſt l'objet ; mais
tout ce que je conclurai, c'eſt que nous ne
pouvons avoir alors aucune notion dans
l'eſprit ; que nous n'employerions en ce cas
les mots qu'en n'y attachant aucun ſens,
ſans motif & ſans deſſein ; & je vous
laiſſe à juger quel cas on doit faire d'un
aſſemblage de mots, qui ſe réduit à du ver-
biage tout pur.

Hylas. Pour vous parler franchement,
Philonoüs, vos preuves me paroiſſent être
en elles-mêmes ſans replique ; mais l'effet
qu'elles font ſur moi, ne va cependant
pas juſqu'à y produire une conviction parfaite, & encore moins cet acquieſcement
du cœur, qui eſt la ſuite ordinaire de la

démonſtration : je trouve que je retombe toujours dans un ſoupçon confus de *je ne ſais quelle matiere.*

Phil. Mais ne ſentez-vous pas, *Hylas*, qu'il faut que deux choſes concourent enſemble pour vous ôter tous vos ſcrupules, & pour porter une conviction entiere dans votre eſprit? Sous quelque jour qu'un objet viſible vous ſoit préſenté, vous ne le verrez néanmoins jamais diſtinctement, s'il y a quelque imperfection dans votre vue, ou ſi votre œil n'eſt pas dirigé vers lui. De même, quelque bons que ſoient les principes qui ſervent de fondement à une démonſtration, & quelque exacte que ſoit la forme de cette même démonſtration, ſi celui à qui on la propoſe, s'eſt entiché de quelques préjugés, ou qu'il ait laiſſé prendre quelque mauvais pli à ſon eſprit, en vain s'attendroit-on alors qu'il pût tout d'un coup appercevoir clairement la vérité, ou s'y attacher avec fermeté. Non, il n'en viendra à bout qu'avec du temps & des peines. L'attention ne peut être réveillée ou fixée que par la répétition fréquente de la perception d'une même chose, ou qu'autant que cette chose se fera offerte souvent à nous, soit constamment sous un même point de vue, soit tantôt sous un point de vue & tantôt sous un autre. Je vous l'ai déjà dit, & je vois qu'il faut que je vous le répete, & que je vous l'inculque encore; vous prenez une licence étrange, en prétendant soutenir l'existence de quelque chose que vous ne connoissez pas, & sans pouvoir dire ni sur quelle raison, ni par quel motif. Me pourriez-vous montrer le parallele d'une pareille conduite dans aucun Art, ou dans aucune Science, dans aucune Secte, ou dans aucune Profession des hommes? Ou pourriez-vous rencontrer rien qui fût si manifestement destitué de fondement, ou si déraisonnable dans la conversation ordinaire, même la moins élevée? Mais peut-être que vous continuerez à me dire que la matiere peut exister, en même-temps que vous conviendrez que vous n'entendez point du tout ce que

pourroient fignifier les mots *matiere* &
exiftence. Ce feroit-là, en vérité, une opinion
bien finguliere, & d'autant plus que vous
l'embrafferiez non - feulement volontaire-
ment & de vorre propre chef, mais encore
fans y être conduit par aucune raifon ; car
je vous défie de me montrer dans la nature
aucune chofe, pour l'explication de laquelle
on ait befoin de la matiere.

Hylas. Les chofes perdront leur réalité
fi vous ne fuppofez l'exiftence de la matiere;
& penfez-vous que ce ne foit pas là une
bonne raifon d'en prendre la défenfe ?

Phil. Les chofes perdront leur réalité !
& quelles chofes, s'il vous plaît ? les chofes
fenfibles ou les chofes intelligibles ?

Hylas. Les chofes fenfibles.

Phil. Mon habit, par exemple.

Hylas. Votre habit, ou toute autre chofe
que vous puiffiez appercevoir par les fens.

Phil. Mais pour nous fixer à quelque
chofe de particulier, n'eft-ce pas pour moi
une preuve affez évidente de l'exiftence de
mon habit, que de le voir, de le toucher

& de le porter ; ou fi ce n'en eft pas là pour moi une preuve fuffifante, comment au moins pourrois-je m'affurer de la réalité de cet habit que j'ai actuellement fur moi, par la fuppofition que je ferois que quelque chofe d'inconnu, que je n'ai jamais vu, ni pu voir, exifteroit d'une maniere inconnue & dans un lieu inconnu, ou même fans que ce fût dans aucun lieu ? Comment, dis-je, la fuppofition de la réalité de ce qu'on ne fauroit toucher, pourroit-elle fervir de preuve à l'exiftence réelle d'une chofe palpable ? Comment la fuppofition de la réalité d'une chofe invifible pourroit-elle prouver qu'une chofe vifible exifte; ou plus généralement, comment la fuppofition de l'exiftence d'une chofe que vous ne pouvez appercevoir, vous conduiroit-elle à conclure qu'une chofe que vous pouvez appercevoir exifte ? Je ne vous demande que de m'expliquer cela, & rien ne me paroîtra jamais difficile pour vous.

Hylas. Je commence par vous avouer fans peine qu'il eft abfolument impoffible

de démontrer l'exiftence de la matiere ;
mais je vous déclare en même - temps que
je n'en vois pas non plus l'impoffibilité directe & abfolue.

Phil. Et quand on vous accorderoit que
la matiere fût poffible, auroit-elle à ce
feul titre plus de droit à l'exiftence qu'une
montagne d'or, ou un Centaure ?

Hylas. Je conviens que non ; mais au
moins ne niez-vous pas qu'elle ne foit
poffible, & il faut que vous reconnoiffiez
que ce qui eft poffible pourroit exifter actuellement

Phil. Vous vous trompez, je nie que
la matiere foit poffible ; & je crois vous
avoir prouvé par vos propres aveux qu'elle
ne l'eft point. En effet, la matiere, dans
l'acception ordinaire de ce mot, feroit-
elle autre chofe qu'une fubftance étendue,
folide, figurée & mobile, qui exifteroit
hors de l'efprit ? Et n'avez-vous pas reconnu
plufieurs fois que je vous avois apporté des
raifons évidentes contre la poffibilité d'une
telle fubftance ?

Hylas.

(169)

Hylas. Oui , mais ce n'eſt-là qu'un des
ſens dans leſquels on peut prendre le mot
matiere.

Phil. Mais n'en eſt-ce pas le ſeul ſens
propre , naturel & reçu ? Et lorſque l'on a
prouvé que la matiere eſt impoſſible en ce
ſens , n'eſt-on pas bien fondé à la regarder
comme abſolument impoſſible ? Et comment prouver autrement que telle choſe
que vous voudrez choiſir pour exemple
ſoit impoſſible ? ou plutôt eſt-il aucune
eſpece de preuve pour un homme qui
prend la liberté de changer & de renverſer
la ſignification des mots ?

Hylas. Je penſois qu'il étoit permis aux
Philoſophes de parler plus exactement que
le vulgaire , & qu'on ne les obligeoit pas
toujours à ſe borner à l'acception ordinaire
d'un mot.

Phil. Mais l'acception du mot *matiere*,
de laquelle nous parlons ici, eſt le ſens de
ce mot reçu généralement parmi les Philoſophes mêmes. Au reſte, ſans nous arrêter
davantage là-deſſus, ne vous ai-je pas laiſſé

H

la liberté de prendre ce mot dans tel fens qu'il vous a plu, & n'avez-vous pas ufé de ce privilége dans la plus grande étendue ? N'avez-vous pas même changé quelquefois en entier la fignification de ce même mot, & n'avez-vous pas fait entrer dans fa défi-nition, ou n'en avez-vous pas ôté à votre gré, tout ce qu'il vous pouvoit convenir le mieux d'y introduire ou d'en retrancher, contre ce que prefcrivent les regles les plus connues de la raifon & de la Logique. Ces variations (maniere de difputer peu convenable, & à laquelle vous ne pouvez cependant manquer de vous reconnoître), ces variations, dis-je, n'ont-elles pas pro-longé notre difcuffion beaucoup plus loin que le fujet ne demandoit, vu la néceffité où elles nous ont mis d'examiner fucceffi-vement chacun des fens dans lefquels vous prétendiez qu'on pouvoit prendre le mot *matiere*, & de les réfuter les uns après les autres par vos propres aveux ? Que pourriez-vous donc demander de plus, pour convenir de l'impoffibilité abfolue d'une chofe, que d'avoir été convaincu qu'elle eſt impoſſible dans chaque ſens particulier, dans lequel vous, ou tout autre que vous, puiſſiez la prendre ?

Hylas. Mais je ne ſuis pas ſi pleinement convaincu que vous ayez prouvé l'impoſſibilité de la matiere dans le dernier ſens ; je veux dire, dans le ſens le plus obſcur, le plus abſtrait, & le plus indéfini.

Phil. Quand jugez-vous qu'on ait fait voir qu'une chofe eſt impoſſible ?

Hylas. Quand on a démontré une contradiction entre les idées que ſa définition renferme.

Phil. Mais où il n'y a point d'idées, on ne ſauroit démontrer de contradiction entre des idées.

Hylas. J'en conviens avec vous.

Phil. Or il eſt clair, de votre propre aveu, que ce que vous appellez le ſens obſcur & indéfini du mot *matiere*, ne renferme aucune idée ; à moins que ce ne ſoit une idée inconnue, ce qui reviendroit à n'en point renfermer du tout. Ne vous attendez donc pas que je découvre ici une contradiction entre des idées que nous n'avons ni vous ni moi, ni que je vous prouve l'impoſſibilité de la matiere, en prenant ce mot dans un ſens inconnu, c'eſt-à-dire, en ne le prenant dans aucun ſens. Tout ce que j'avois à vous faire voir, c'étoit que vous n'attachiez aucun ſens aux paroles que vous profériez ; & je vous ai réduit au point de n'en pouvoir diſconvenir. Je vous ai donc prouvé, en me prêtant ſucceſſivement à tous les ſens que vous avez donnés au mot *matiere*, qu'en proférant ce mot, vous n'entendiez rien du tout, où que vous n'entendiez tout au plus qu'une abſurdité ; & ſi ce n'eſt pas là une preuve ſuffiſante de l'impoſſibilité de la matiere, je vous prie de me faire connoître ce qu'il pourroit me reſter à y ajouter.

Hylas. Je reconnois que vous m'avez prouvé que la matiere eſt impoſſible, & je ne vois plus rien à dire pour la défendre ; mais en même-temps que je vous cede là-deſſus, je ſoupçonne tout-à-la-fois toutes les autres opinons que j'ai eues jusqu'ici dans l'esprit, & il n'en est aucune dont vous n'ébranliez la certitude. En effet, je n'en vois point qui soit en apparence plus évidente que l'étoit celle dont vous venez de me détromper, & que je trouve maintenant aussi fausse & aussi absurde, qu'elle me paroissoit vraie avant cet Entretien. Mais je pense que nous avons poussé pour le présent la dispute assez loin. J'employerai volontiers le reste du jour à rouler dans mon esprit les différens chefs de notre conversation de ce matin ; & je serai charmé de pouvoir vous retrouver ici demain à la même heure.

Phil. Je ne manquerai pas de m'y rendre.

TROISIEME DIALOGUE.

PHILONOUS. Hé bien, *Hylas*, quels font les fruits de vos méditations d'hier ? vous ont-elles confirmé dans les mêmes fentimens où je vous avois laiffé en vous quittant ? ou avez-vous apperçu depuis ce temps-là des raifons de changer d'avis ?

Hylas. En vérité, l'opinion où je fuis maintenant, c'eft que toutes nos opinions font également vaines & incertaines. Ce que nous approuvons aujourd'hui, nous le condamnerons demain. Nous parlons beaucoup de connoiffances ; nous paffons même notre vie à chercher à en acquérir ;

cependant, malheureux que nous fommes, nous ignorons de tout pendant fa durée entiere, jufque-là que je regarderois comme une chofe impoffible, dans notre état actuel, de rien connoître abfolument. Nos facultés font trop étroites, & en trop petit nombre. Certainement la nature ne nous a point deftinés à la fpéculation.

Phil. Quoi, *Hylas*, penferiez-vous que nous ne connoiffons rien du tout?

Hylas. Il n'y a pas même jufqu'à notre propre connoiffance, dont il ne nous foit impoffible de connoître la nature réelle.

Phil. Me direz-vous que je ne connois pas réellement ce que c'eft que le feu & l'eau?

Hylas. Vous pouvez connoître, à la vérité, que le feu paroît chaud, & l'eau fluide; mais ce n'eft-là autre chofe que connoître quelles fenfations l'application du feu & de l'eau aux organes de vos fens produit dans votre efprit. Quant à la conftitution intérieure du feu & de l'eau, vous êtes entiérement dans les ténébres fur ce point.　　　　　　　H iv

Phil. Je ne fais pas que le fiége fur lequel je fuis affis maintenant eft une pierre réelle, & que ce que je vois devant mes yeux eft un arbre réel ?

Hylas. Le favoir ! non vraiment : il eft impoffible que ni vous ni perfonne au monde le fachiez. Tout ce que vous favez, c'eft que vous avez une certaine idée, ou une certaine apparence dans votre efprit; mais quel rapport cela a-t-il à un arbre réel, ou à une pierre réelle ? La couleur, la figure & la dureté que vous appercevez par vos fens, ne conftituent point du tout les natures réelles de ces chofes, & ne leur reffemblent même en aucune maniere. On peut porter le même jugement de tous les autres êtres qu'on nomme réels, je veux dire, de toutes les fubftances corporelles qui compofent le monde. Il n'en eft point qui aient en elles-mêmes rien de femblable à ces qualités fenfibles que nous y appercevons. Ainfi nous ne faurions prétendre pouvoir rien affirmer ni connoître de ce qu'elles font dans leurs natures.

Phil. Cependant , *Hylas* , je puis certainement diftinguer l'or , par exemple , du
fer ; & comment pourrois - je en venir à
bout , fi je n'avois connu d'avance ce que
chacune de ces chofes eft en elle-même ?

Hylas. Croyez-moi , *Philonoüs* , vous
ne pouvez faire de diftinction qu'entre vos
propres idées feulement. Penfez-vous que
cette couleur jaune, ce poids , & ces autres
qualités fenfibles , foient réellement dans
l'or ? Ce font-là autant de chofes purement
relatives à nos fens , & qui n'ont point
d'exiftence abfolue dans la nature. En prétendant diftinguer les efpeces des êtres
réels par les apparences qu'ils produifent
dans votre efprit, vous pourriez vous conduire à-peu-près auffi fagement que celui
qui concluroit que deux hommes feroient
de figure différente , parce que leurs habits
ne feroient pas de la même couleur.

Phil. Il femble donc que nous voilà con-
finés aux feules apparences des chofes , &
même à de fauffes apparences des chofes.
Ni ce que je mange, ni l'habit que je porte ,

H v

n'ont , felon vous , rien de femblable ni à ce que je vois , ni à ce que je fens.

Hylas. C'eft ce que je prétends.

Phil. Mais n'eft-ce pas une chofe étrange que le monde entier s'en laiffe ainfi impofer , & qu'il foit affez fou pour s'en rapporter aux fens. Je ne fais , en vérité , comment il peut arriver que les hommes mangent , boivent , dorment , & exécutent toutes leurs autres fonctions animales, auffi gaiement & auffi à propos que s'ils connoiffoient toutes les chofes avec lefquelles ils fe croient des relations.

Hylas. Ils le font cependant ; mais vous favez bien que la pratique ordinaire ne demande pas un grand rafinement de connoiffances fpéculatives. Il arrive donc delà que le vulgaire retient fes erreurs , & que malgré cela il fe tire du mieux qu'il peut des affaires de la vie ; mais les Philofophes connoiffent mieux les chofes.

Phil. Vous voulez dire par-là qu'ils favent qu'ils ne favent rien.

Hylas. C'eft-là le vrai faîte , & la vraie

perfection des connoissances humaines.

Phil. Mais m'avez-vous parlé tout de bon, *Hylas*, depuis que nous nous sommes rejoints, & êtes-vous férieusement persuadé que nous ne connoissions rien de réel dans le mondè ? Quand vous voulez vous mettre à écrire, ne demandez-vous pas une plume, de l'encre & du papier comme un autre homme, & ne connoissez-vous pas alors ce que vous demandez ?

Hylas. A quoi bon me faire redire que je ne connois la nature réelle d'aucune chose qui soit dans l'Univers. Je puis, à la vérité, faire usage, dans l'occasion, de plumes, d'encre & de papier ; mais je déclare que je ne sais ce qu'aucune de ces choses peut être dans sa vraie nature ; & qu'il en est de même de toutes les autres choses corporelles. Il y a plus : non-seulement nous ne connoissons point la nature vraie & réelle des choses ; nous ignorons même leur existence. J'avoue qu'on ne sauroit nier que nous n'appercevions telles apparences ou telles idées : mais ce seroit mal-à - propos qu'on voudroit conclure delà que les corps exiſtent réellement. Et puiſ-que j'en ſuis là-deſſus, je dois même, con-formément à ce que je vous ai accordé, ajouter à cela qu'il eſt impoſſible qu'il exiſte rien de réel & de corporel dans la nature.

Phil. Vous me ſurprenez : y eut-il jamais rien de plus étrange, & permettez même que je diſe de plus extravagant, que ce que vous ſoutenez-là ? & n'eſt-il pas évident que c'eſt l'opinion où vous êtes qu'il exiſte de la matiere, qui vous a jetté dans toutes ces abſurdités ? C'eſt elle qui vous a fait rêver que vous apperceviez de ces natures inconnues dans chaque choſe. Ça été la ſeule raiſon de la diſtinction que vous avez faite entre la réalité des choſes & leurs apparences ſenſibles. C'eſt à elle que vous êtes redevable d'ignorer ce que tout le monde connoît à merveille. Ce n'eſt pas là tout : non - ſeulement vous ignorez la vraie nature de chaque choſe ; vous ne ſavez pas non plus s'il exiſte réellement aucune choſe, ou s'il eſt même des vraies natures ; & cela, parce que vous attribuez à vos êtres matériels une existence absolue ou extérieure, dans laquelle vous faites consister leur réalité ; & qu'étant ensuite obligé de reconnoître qu'une telle existence renferme une contradiction manifeste dans les termes, ou que c'est un mot absolument vuide de sens, vous vous trouvez par-là dans la nécessité de vous désister de votre propre hypothese de l'existence d'une substance matérielle, & de nier en conséquence fermement l'existence réelle de tous les êtres de l'Univers ; d'où il arrive enfin que vous ne pouvez éviter de tomber dans le Scepticisme le plus profond & le plus déplorable où jamais homme se soit laissé entraîner. Dites-moi, *Hylas*, la chose n'est-elle pas comme je le dis ; ne vous reconnoissez-vous pas à ce portrait ?

Hylas. Je conviens avec vous que ma substance matérielle n'étoit autre chose que le vain produit d'une hypothese, & d'une hypothese fausse & sans fondement. Je ne m'arrêterai pas davantage à la défendre.

Mais quelque fystême que vous embraffiez, ou quelqu'arrangement de chofes que vous fubftituiez en la place, je ne doute pas que l'un ou l'autre ne fe trouve être à tous égards auffi faux. Permettez-moi de vous faire des queftions là-deffus, c'eft-à-dire, fouffrez que je vous ferve à votre maniere, & je garantis que je vous conduirai peu-à-peu de cette forte au même état de Scepticifme où me voilà maintenant ; & cela, à travers autant d'embarras & de contradictions que j'en ai eus à effuyer.

Phil. Je vous affure, *Hylas*, que je ne prétends point du tout faire des fyftêmes. Je fuis de la trempe ordinaire, affez fimple pour en croire à mes fens, & pour laiffer les chofes dans l'état où je les trouve. Si vous voulez que je vous parle plus clairement, mon fentiment eft que les êtres réels font les chofes mêmes que je vois, que je touche, en un mot, que j'apperçois par mes fens. Je les connois à merveille, & trouvant qu'elles répondent parfaitement à tous les befoins de ma vie, & à ma def-

tination actuelle, je n'aurois point de raison
de m'embarrasser l'esprit, ou de m'inquié-
ter d'aucun être inconnu. Un morceau
d'un pain sensible, par exemple, remettra
mieux mon estomac, que dix mille fois autant de ce pain réel, insensible & inintelligible dont vous me parlez. C'est aussi
mon sentiment, que les couleurs & les
autres qualités sensibles ne sont point
séparées de leurs objets. Je ne saurois, pour
la vie, m'empêcher de penser que la neige
est blanche, & que le feu est chaud. Vous
qui par la neige & le feu, entendez certaines substances extérieures à l'esprit, non
apperçues, & qui n'apperçoivent point,
vous êtes, à la vérité, en droit de nier que
la blancheur ou la chaleur soient des
affections inhérentes dans ces substances.
Mais quant à moi, qui entends par ces mots
les choses que je vois & que je touche, je
suis obligé de penser comme le commun
des hommes. Au reste, de même que je ne
suis point Sceptique sur la nature des choses,
de même aussi ne le suis-je point à l'égard

de leur exiſtence. Ce ſeroit, à mon avis, une contradiction manifeſte, qu'une choſe fût apperçue réellement par mes ſens, & qu'en même-temps elle n'exiſtât point; puiſque je ne ſaurois ſéparer, même par la penſée, l'exiſtence d'une choſe ſenſible, de la qualité qu'elle a d'être apperçue. Le bois, les pierres, le feu, l'eau, la viande, le fer & d'autres choſes ſemblables que je nomme, & dont je parle, ſont autant de choſes que je connois, ſans quoi je n'y aurois jamais penſé, ou je ne les aurois jamais nommées. Je ne les aurois non plus jamais connues, ſi je ne les avois apperçues par mes ſens. Les choſes que les ſens apperçoivent, ſont d'ailleurs apperçues immédiatement. Les choſes qui ſont apperçues immédiatement ſont des idées; & les idées ne ſauroient exiſter hors de l'eſprit. L'exiſtence des choſes dont je viens de parler, conſiſte donc dans la qualité qu'elles ont d'être apperçues; & il s'enſuit delà que lorſqu'on les apperçoit actuellement, on ne ſauroit former de doute ſur leur exiſtence. Loin

de nous par conséquent tout ce Scepticifme, & tous ces doutes tout à la fois philo-
fophiques & ridicules. Quelle puérilité n'eft-
ce pas, par exemple, à un Philofophe, que
de regarder l'exiftence des chofes fenfibles
comme problématique, jufqu'à ce qu'il foit
venu à bout de la prouver par la confidéra-
tion de là véracité de Dieu ? & combien
ne feroit-il pas ridicule encore, de prétendre que la connoiffance que nous avons
fur ce fujet, fût d'un degré inférieur à
celles que nous acquérons par voie de
réflexion ou de démonftration ? Je doute-
rois, quant à moi, auffi-tôt de mon propre
être, que de l'être de ces chofes que je vois
& que je touche actuellement.

Hylas. N'allons pas fi vîte, *Philonoüs.*
Vous dites, ce me femble, que vous ne
fauriez concevoir comment les chofes
fenfibles exifteroient hors de l'efprit : n'eft-
ce pas-là ce que vous dites ?

Phil. D'accord.

Hylas. Et ne concevez-vous pas qu'en
vous fuppofant anéanti, il feroit encore

poffible qu'il exiftât des chofes propres à être apperçues par les fens ?

Phil. Je le conçois très-bien : mais j'ajoute que ces chofes feroient alors dans un efprit qui ne feroit pas le mien. Lorfque je refufe aux chofes fenfibles l'exiftence hors de l'efprit, je n'entends point parler de mon feul efprit en particulier ; mais de tous les efprits enfemble. Il eft clair que ces chofes ont une exiftence extérieure à mon efprit ; puifque l'expérience me fait reconnoître qu'elles en font indépendantes : mais ce que je dois inférer delà, c'eft qu'il eft quelqu'autre efprit où elles exiftent, même durant les intervalles qui s'écoulent entre les temps où je les apperçois. Il en a été de même avant ma naiffance, & la même chofe continueroit dans la fuppofition de mon anéantiffement. Et comme ce que je dis-là à l'égard de mon efprit, eft également vrai à l'égard de tout autre efprit fini & créé ; il s'enfuit enfin néceffairement de tout cela, qu'il exifte un efprit préfent partout & éternel, qui connoît & com-

prend toutes choses, & qui nous les représente suivant les regles qu'il s'est prescrites à lui-même, & que nous appellons
les loix de la nature.

Hylas. Répondez-moi encore, *Philonoüs* : nos idées ne sont-elles pas des êtres
absolument passifs & destitués de toute
activité ? ou renfermeroient-elles quelqu'activité en elles-mêmes ?

Phil. Elles sont purement passives, &
destituées de toute activité.

Hylas. Et Dieu n'est-il pas un agent,
& même un Être purement actif ?

Phil. Je fais profession de le croire.

Hylas. Nulle idée ne sauroit donc ressembler à Dieu, ou en représenter la nature ?

Phil. J'en conviens.

Hylas. Comment donc, n'ayant point
d'idée de l'esprit de Dieu, ou, ce qui paroît revenir au même, ne concevant point
l'esprit de Dieu, pouvez-vous concevoir
que les choses dont nous parlons doivent
exister dans l'esprit de Dieu ? ou, si vous
prenez le parti de me dire que vous pouvez

concevoir l'esprit de Dieu, sans en avoir une idée, pourquoi ne pourrois-je pas à même titre concevoir l'existence de la matiere, bien que je n'en aie point d'idée?

Phil. A l'égard de votre premiere question, j'avoue que je n'ai proprement aucune idée ni de l'esprit de Dieu, ni d'aucun autre esprit; car puisque Dieu & les autres esprits sont des êtres actifs, ils ne sauroient être représentés par des choses destituées de toute activité, telles que sont toutes nos idées. Je sais néanmoins que moi, qui suis un esprit ou une substance pensante, j'existe; & je le sais avec la même certitude avec laquelle je connois l'existence de mes idées. Je sais encore ce que j'entends par les termes *je* ou *moi*, & je le sais immédiatement, ou intuitivement, quoique je ne l'apperçoive point de la même maniere que j'apperçois un triangle, une couleur ou un son. L'entendement, l'esprit ou l'ame, est cette chose indivisible & non étendue, qui pense, agit & apperçoit. Je dis *indivisible*, en tant que non étendue;

& *non étendue*, parce que les chofes étendues, figurées & mobiles, font des idées, & que ce qui apperçoit les idées, ce qui penfe & ce qui veut, ne fauroit évidemment être une idée, ni femblable à une idée. Les idées font des chofes deftituées d'activité & apperçues, & les efprits font une forte d'êtres, tout-à-fait différens de ceux-là ; & c'eft ce qui fait que je me garde bien de dire que mon efprit foit une idée, ou femblable à une idée. Quoi qu'il en foit, je conviendrai, fi vous voulez, qu'en prenant le mot *idée* dans un fens étendu, mon efprit me fournit une idée, c'eft-à-dire, une image ou une reffemblance de Dieu, quoiqu'à la vérité extrêmement imparfaite ; car je n'ai acquis la notion que j'ai de Dieu, qu'en réfléchiffant fur mon propre efprit, en élevant fes facultés ou fes puiffances, & en en retranchant toutes les imperfections. Si je n'ai donc pas une idée non active de la Divinité, j'en trouve néanmoins en moi-même une efpece d'image penfante &

active ; & quoique je n'apperçoive point Dieu par les sens, j'en ai cependant une notion, ou je le connois par la voie de la réflexion & du raisonnement. Mon propre esprit & mes propres idées, sont autant d'objets dont j'ai une connoissance immédiate ; & c'est par leur secours & leur médiation , que je parviens à appercevoir l'existence des autres esprits & des autres idées. Enfin, mon propre être, & la dépendance que j'éprouve en moi-même & dans mes idées, me fournissent un motif suffisant d'inférer nécessairement , par un acte de raison, l'existence de Dieu, ainsi que celle de toutes les choses créées qui sont dans son esprit. En voilà assez sur votre premiere question. Quant à la seconde, je présume que vous devez être maintenant en état d'y répondre de vous-même. En effet , ni vous n'appercevez la matiere objectivement, comme vous appercevez les êtres destitués d'activité, ou les idées ; ni vous ne la connoissez par un acte réfléchi, comme vous vous connoissez vous-même ;

ni vous ne l'appercevez par la médiation ; ou de vos idées, ou de votre propre être, & au moyen de sa ressemblance avec l'une ou l'autre de ces deux especes d'êtres ; ni vous ne pouvez enfin en conclure l'existence, par la voie du raisonnement, de ce que vous connoissez immédiatement : choses, qui concourent toutes à rendre la considération de la matiere fort différente, à l'égard dont nous parlons, de celle de la Divinité.

Hylas. J'avoue que je suis entiérement satisfait des réponses que vous venez de faire à mes deux objections. Mais sérieusement, pensez-vous que l'existence réelle des choses sensibles ne consiste en autre chose qu'en la qualité qu'elles ont d'être actuellement apperçues ? Si cela est, comment a-t-il pu arriver que tous les hommes aient de concert jugé à propos de faire une distinction entre l'une & l'autre de ces deux choses ? Prenez le premier homme que vous rencontrerez ; faites-lui la question , & il vous répondra qu'être apperçu eft une chofe , & qu'exifter en eft une autre.

Phil. Je confens , *Hylas* , d'en appeller au fens qu'on donne ordinairement au mot *exiftence* , pour juftifier la vérité de mon fentiment. Demandez à ce garçon Jardinier pourquoi il penfe que ce cerifier exifte dans ce Jardin , & il vous dira que c'eft parce qu'il le voit, ou qu'il le touche, en un mot , parce qu'il l'apperçoit par les fens. Demandez-lui pourquoi il juge qu'il n'y a point d'oranger dans ce même Jardin , & il vous répondra que c'eft à caufe qu'il n'y en apperçoit point. Ce qu'il apperçoit par fes fens, c'eft ce qu'il appelle *être réel* , & qu'il dit *exifter* ; & quant à tout ce que fes fens ne peuvent appercevoir, il vous dira que ce font autant de chofes qui n'ont point d'*exiftence* ?

Hylas. Oui , *Philonoüs* , j'avoue que l'exiftence d'une chofe fenfible confifte en la qualité que cette chofe a de pouvoir être ap- perçue ; mais je ne conviens pas qu'elle con- fifte en celle d'être actuellement apperçue.

Phil.

Phil. Et qu'y a-t-il de propre à être apperçu, sinon les idées? Et une idée peut-elle exister sans être actuellement apperçue? Ce sont-là des chefs dont nous sommes déjà convenus depuis long-temps ?

Hylas. Quoi qu'il en soit de la vérité de votre opinion, au moins ne nierez-vous pas qu'elle ne soit choquante & contraire au sentiment commun ? Demandez à ce même garçon si l'arbre que voilà, a une existence hors de son esprit; quelle réponse pensez-vous qu'il vous fera ?

Phil. Il m'en fera une semblable à celle que je me ferois moi-même : il me dira que l'arbre existe hors de son esprit ; mais d'un autre côté, des oreilles chrétiennes ne sauroient se choquer de m'entendre ajouter à sa réponse, que cet arbre réel qui existe hors de son esprit, est véritablement connu & compris par l'esprit infini de Dieu, c'est-à-dire, qu'il existe dans l'entendement divin. Vraisemblablement le garçon dont vous me parlez, ne fera pas attention du premier coup-d'œil à la preuve

I

directe & immédiate qu'on peut donner de ce fait ; & cela, parce que l'exiſtence d'un arbre ou de toute autre choſe ſenſible ſuffit ſeule pour occuper l'eſprit qui l'apperçoit : mais il ne ſauroit au moins nier la choſe. La queſtion entre les Matérialiſtes & moi, ne conſiſte point à ſavoir ſi les choſes ont une exiſtence réelle hors de l'eſprit de telle ou telle perſonne ; mais ſi elles en ont une abſolue & diſtincte de la qualité qu'elles ont d'être apperçues, même de Dieu, ou tout à la fois extérieure à tous les eſprits. Il eſt vrai que quelques Payens, & parmi eux quelques Philoſophes, ont été de ce ſentiment ; mais quiconque ſe ſera fait des notions de la Divinité conformes à la maniere dont l'Ecriture-Sainte nous en parle, ſera certainement d'un avis différent.

Hylas. Mais quelle différence y a-t-il dans votre ſentiment entre les choſes réelles & les chimeres que l'imagination a le pouvoir de ſe former, ou les viſions dont nous ſommes frappés dans les ſonges, puisque tout cela est également dans l'esprit ?

Phil. Les idées que l'imagination se forme sont foibles, elles ne sont point distinctes, & elles dépendent outre cela entiérement de la volonté : mais les idées que nous appercevons par les sens, c'est-à-dire, les choses réelles, sont plus vives & plus claires ; & comme elles sont imprimées dans notre entendement par un esprit différent de nous, nous n'appercevons pas en elles la même dépendance de notre volonté. Il n'y a donc point de danger de confondre ces dernieres idées avec les précédentes, & encore moins de les confondre avec les visions des songes, lesquelles sont toujours obscures, irrégulieres & confuses ? En vain ces sortes de visions seroient-elles vives & naturelles. Comme elles ne seroient point en même-temps liées aux événemens de notre vie qui les auroient précédées, ou qui devroient les suivre, & qu'elles ne formeroient point un ensemble avec elles, on

I ij

pourroit toujours par cette raison les diftinguer aifément des réalités. En un mot,
quelque moyen que vous preniez dans votre
fyftême pour diftinguer les *chofes* des *chi-*
meres , je pourrai en faire également
ufage dans le mien; car il fera fondé fans
doute fur quelque différence que vous
aurez apperçue entre ces deux efpeces
d'objets ; & je ne prétends pas vous priver
de la moindre des chofes que vous appercevez.

Hylas. Mais toujours eft-il vrai, *Philo-*
noüs , que vous foutenez qu'il n'y a rien
dans le monde que des efprits & des idées ;
& que vous ne fauriez vous empêcher de
convenir que cela fonne très-mal.

Phil. J'avoue que le mot *idée* que j'emploie pour le mot *chofe* , contre l'ufage
ordinaire , fonne dans mon fentiment d'une
maniere un peu finguliere. La raison que
j'ai eue pour le prendre dans cette acception, ç'a été qu'on le regarde généralement
comme renfermant une relation néceffaire
à l'efprit ; & que les Philofophes s'en fer-

vent aujourd’ui communément pour fignifier les objets immédiats de l’entendement.
Mais quelque mal que la propofition puiffe
fonner dans les termes, elle ne renferme
néanmoins rien de fi étrange ou de fi cho-
quant dans le fens ; puifqu’en effet elle fe
réduit uniquement à dire, qu’il n’exifte que
des chofes qui apperçoivent & des chofes
apperçues, ou que tout être deftitué de la
penfée eft néceffairement, & en conféquence de la nature de fon exiftence,
apperçu par quelque efprit, finon par des
efprits finis & créés, au moins par l’efprit
infini de Dieu, dans lequel *nous vivons,
nous fommes mus & nous exiftons.* Eft-ce
donc là une chofe auffi étrange que de
dire, comme vous faites, que les qualités
fenfibles ne font point répandues fur les
objets, ou que nous ne pouvons être sûrs
de l’exiftence des objets, ni rien connoître
de leur nature, lors même que nous les
voyons, que nous les touchons, en un
mot, que nous les appercevons par tous
nos fens.

I iij

Hylas. Et en conséquence de ce système, ne devrions-nous pas penser qu'il n'existe-roit rien de semblable à des causes physiques ou corporelles ? Et quoi de plus déraisonnable que cette prétention ?

Phil. Il y auroit sans doute bien moins de raison à dire qu'une chose destituée d'activité opéreroit sur un esprit, & que ce qui n'auroit point la faculté d'appercevoir pourroit être la cause de nos perceptions ; & cela, sans s'embarrasser comment une pareille prétention pourroit s'accorder avec cet axiome reçu de tous les temps, qu'aucune chose *ne peut donner à une autre ce qu'elle n'a point elle-même.* Outre que ce qui vous paroît, je ne sais pourquoi, si déraisonnable, n'est rien de plus que ce que les Saintes-Ecritures nous assurent en cent endroits. Vous conviendrez avec moi qu'elles nous représentent partout l'Être suprême comme le seul auteur, & l'auteur immédiat de tous ces effets, que quelques Payens & quelques Philosophes de nos jours ont coutume d'attribuer à la nature,

à la matiere, au deftin ou à d'autres principes femblables & non penfans. C'eft fi
bien là leur langage conftant, que ce feroit
une chofe fuperflue que d'entreprendre de
prouver ici le fait par des citations.

Hylas. Vous ne prenez pas garde, *Philonoüs*, qu'en regardant ainfi Dieu comme
la caufe immédiate de tous les mouvemens
qui ont lieu dans la nature, vous le rendez
auteur du meurtre, du facrilége, de l'adul-
tere, & de plufieurs autres péchés non
moins déteftables.

Phil. Pour répondre à cela, j'obferve
d'abord que l'imputation d'un crime n'eft
pas moins odieufe lorfqu'on eft accufé
d'avoir commis ce crime avec un inftrument, que lorfqu'on eft accufé de l'avoir
commis fans inftrument ; d'où il s'enfuit
qu'en fuppofant que Dieu agit par la médiation d'un inftrument que vous nom-
meriez *matiere*, vous ne le rendriez pas
moins auteur du péché que je ne ferois,
moi, en le regardant comme auteur immédiat de toutes ces fortes d'opérations qu'on

attribue ordinairement à la nature. Je remarque ensuite que le péché ou la diffor-
mité morale ne confiste point dans l'action
ou le mouvement extérieur & phyfique ;
mais en ce que la volonté s'éloigne des
loix de la raifon & de la Religion. La chofe
eft évidente, puifque l'action de tuer un
ennemi dans une bataille, ou de donner
la mort à un criminel en exécution des
loix, n'eft pas regardée comme un péché,
quoique l'acte extérieur foit dans ce cas
précifément le même que dans celui du
meurtre. Suppofer que Dieu foit la caufe
immédiate des actions phyfiques, ce n'eft
donc pas le rendre auteur du péché. Enfin,
je n'ai jamais dit que Dieu fût le feul agent
qui produisît tous les mouvemens dans les
corps. Il eft vrai que j'ai nié qu'il y eût
d'autres agens que les efprits : mais cela
n'empêcheroit point du tout qu'on ne pût
attribuer aux êtres penfans & raifonnables,
d'exercer dans la production des mouvemens, quelques puiffances limitées, qui
dériveroient, à la vérité, en dernier reffort

de Dieu, mais qui feroient d'un autre côté
fous la direction immédiate de ces êtres ;
& c'en eſt aſſez pour juger que ces mêmes
êtres pourroient être coupables des mau-
vaiſes actions qui en émaneroient ?

Hylas. Mais nier la matiere ou la ſubſtance corporelle, *Philonoüs*, c'eſt-là le
point. Vous ne me perſuaderez jamais que
ce ne ſoit une choſe qui répugne au ſentiment univerſel des hommes. Si notre
conteſtation pouvoit être décidée à la plu-
ralité des voix, je ſuis bien ſûr que vous
me céderiez la partie, ſans vous donner
la peine de recueillir les ſuffrages.

Phil. Je ſouhaiterois de tout mon cœur
qu'on expoſât bien nos deux opinions, &
qu'on les ſoumît enſuite au jugement de
gens de bon ſens, & qui ne fuſſent point
prévenus des préjugés qu'on puiſe dans
les Ecoles. Repréſentez-moi comme quelqu'un qui s'en rapporte à ſes ſens, qui
penſe connoître les choſes qu'il voit &
qu'il touche, & qui ne forme aucun doute
ſur leur exiſtence ; & montrez-vous vous-

I v

même de votre côté avec tous vos doutes, vos paradoxes , & ce Scepticisme dans lequel vous vous enveloppez continuelle- ment ; & je ne demande pas mieux que de m'en rapporter ensuite au jugement de toute personne indifférente. C'est pour moi une chose évidente qu'il n'y a d'autres substances où les idées puissent exister, que les esprits. Nous convenons tous deux que les objets qu'on apperçoit immédiate- ment sont des idées. Enfin , personne ne peut nier que les qualités sensibles ne soient ces objets que nous appercevons immé- diatement. Il est donc évident qu'il ne sau- roit y avoir d'autre *substratum* ou soutien de ces qualités, que les esprits dans lesquels elles existent , non par maniere de mode ou de propriété , mais comme une chose apperçue dans celle qui l'apperçoit. Je nie donc qu'il existe aucun soutien non pen- sant des objets des sens , & par conséquent aucune substance matérielle dans cette ac- ception de ce mot. Mais si l'on entend par substance matérielle les seuls corps sensibles, ceux qu'on voit & qu'on touche (& j'ose dire que la partie non philosophique du monde n'entend autre chose par ces mots) ; je suis plus certain alors de l'existence de la matiere, que vous ou aucun autre Philosophe ne puissiez prétendre de l'être. Si quelque chose peut éloigner le commun des Hommes des sentimens que j'épouse, c'est de croire mal-à-propos que je nie la réalité des choses sensibles : mais comme c'est vous qui êtes dans cette erreur, & non moi, il s'ensuit delà que dans le vrai, c'est contre votre sentiment, & non contre le mien, que doit se tourner l'aversion générale. Je déclare donc que je suis aussi certain qu'il y a des corps ou des substances corporelles (entendant par - là les choses que j'apperçois par mes sens), que je le suis de ma propre existence ; à quoi j'ajoute que cela posé, le gros du monde ne doit nullement être inquiet de ce que pourront devenir ces natures inconnues, ou ces qualités philosophiques, pour lesquelles quelques personnes se passionnent

L vj

fi fort, ni fe croire en aucune forte intéreffé à leur fort.

Hylas. Que direz-vous à ceci ? Puifque, felon vous, les hommes doivent juger de la réalité des êtres par leurs fens ; comment un homme peut-il fe tromper, en prenant la Lune pour une furface unie & lumineufe, d'environ un pied de diametre, en jugeant ronde une tour quarrée qu'il voit de fort loin ; enfin, en affirmant qu'une rame qui eft enfoncée à moitié dans l'eau n'eft pas droite, mais courbe ?

Phil. Cet homme ne fe trompe nullement dans les perceptions actuelles qu'il a de fes idées ; mais feulement dans les conféquences qu'il tire de fes perceptions actuelles. Ainfi dans l'exemple de la rame, ce qu'il apperçoit immédiatement par le fens de la vue, n'eft pas droit, mais courbe ; & tant qu'il ne fera que le juger tel, il n'aura pas encore commis d'erreur : mais s'il paffe delà jufqu'à conclure qu'après avoir retiré la rame de l'eau, il continueroit à y appercevoir par la vue la même courbure, ou même que la rame devroit, en restant dans l'eau, affecter son toucher comme les choses courbes ont coutume de le faire, c'est en cela que se trouvera l'erreur. De même dans les exemples de la Lune & de la Tour, si l'homme dont vous parlez, conclut de ce qu'il aura apperçu dans une seule station, qu'en supposant qu'il avançât vers la Lune ou vers la Tour, & qu'il se transportât ainsi dans des positions différentes, relativement à l'un ou à l'autre de ces corps, il continueroit toujours à être affecté des mêmes idées, il se trompera certainement alors : mais ce n'est point dans sa perception immédiate & actuelle que consistera son erreur (car il y auroit une contradiction manifeste à supposer qu'il pût se tromper à cet égard) ; ce sera seulement dans les faux jugemens qu'il portera sur les idées qu'il concevra comme liées avec celles qu'il aura apperçues immédiatement, ou sur les idées qu'il regardera, d'après ce qu'il aura apperçu alors, comme devant être apperçues dans d'autres circonſtances. C'eſt à-peu-près ce qui arrive à l'égard de la Terre dans le ſyſtême de Copernic. Quoique nous n'y appercevions d'ici aucun mouvement, ce ſeroit néanmoins une erreur que de conclure delà, qu'au cas que nous en fuſſions auſſi éloignés que nous le ſommes maintenant des autres Planettes, nous ne lui découvririons pas alors du mouvement.

Hylas. Je vous entends ,. & je ne puis m'empêcher d'avouer que vous venez de me dire là des choſes aſſez plauſibles : mais permettez-moi de vous propoſer une réflexion. Je vous prie, *Philonoüs* , n'avez-vous pas été autrefois auſſi décidé ſur l'exiſtence de la matiere, que vous l'êtes à préſent ſur ſa non-exiſtence ?

Phil. Je l'étois ; mais voici en quoi conſiſte la différence. L'opinion où j'étois autrefois , & que je croyois certaine, n'avoit point été ſoumiſe à l'examen , & elle étoit fondée ſur mes ſeuls préjugés ; au-lieu que la certitude que j'ai en effet maintenant eſt le fruit de mes recherches , & eſt fondée ſur l'évidence.

Hylas. Après tout, il me semble que notre dispute roule plutôt sur les mots, que sur la chose même ; en effet, nous convenons de la chose, & nous ne différons que sur le nom qu'il faut lui donner. Que nous soyons affectés d'idées qui nous viennent du dehors, rien n'est plus évident ; & il ne l'est pas moins qu'il doit y avoir (je ne dis pas des archétypes), mais des puissances existantes hors de l'esprit, qui correspondent à ces idées. Et comme ces puissances ne sauroient subsister par elles-mêmes, il faut nécessairement admettre quelque sujet où elles résident ; sujet que j'appelle *matiere*, & que vous nommez *esprit* : voilà toute la différence.

Phil. Je vous prie, *Hylas*, cet Être puissant, ou ce sujet des puissances, est-il étendu ?

Hylas. Il n'a point d'étendue, mais il a le pouvoir de faire naître en nous l'idée de l'étendue.

Phil. Il est donc en soi non étendu ?

Hylas. D'accord.

Phil. N'est-il pas aussi actif ?

Hylas. Sans doute ; autrement, comment pourrions-nous lui attribuer des puissances ?

Phil. Permettez moi de vous faire encore deux autres questions : la premiere, si c'est une chose conforme à l'usage, soit des Philosophes, soit du reste des hommes, que de donner le nom de matiere à un être non étendu & actif : la seconde, si ce n'en est pas une absurde jusqu'au ridicule, que de changer les noms d'une maniere contradictoire à l'usage ordinaire du langage ?

Hylas. Hé bien donc, n'appellons plus cet Être *matiere*, puisqu'il vous plaît de lui refuser ce nom : je veux bien, quant à moi, qu'il soit d'une nature distincte tout à la fois de la matiere & de l'esprit ; mais quelle raison y a-t-il pour que vous l'appelliez *esprit* ? la notion d'un esprit n'emporte-t-elle pas de penser, aussi-bien que d'être actif & non étendu ?

Phil. La raison que j'ai pour cela, c'est

que je voudrois m'entendre un peu moi-
même dans ce que je dis, & en avoir quelque notion ; qu'en même-temps je n'ai
aucune notion de quelqu'action que ce
puisse être, qui seroit distincte d'une volition ; & qu'enfin, je ne puis concevoir une
volition ailleurs que dans un esprit ; d'où
il s'ensuit que toutes les fois que je parle
d'un être pensant, je suis obligé d'entendre par-là un esprit. D'ailleurs, quoi de plus
clair que ces deux vérités, qu'une chose
qui n'a point d'idées en elle-même, ne
sauroit m'en communiquer, & que tout ce
qui a en soi des idées ne peut manquer
d'être un esprit. Pour mettre encore, s'il
est possible, tout cela dans un plus grand
jour, je conviendrai avec vous, que puisque nous recevons des affections du dehors,
nous devons admettre des puissances extérieures à nous, & qui résident dans un
être différent de nous. Nous sommes d'accord jusque-là ; mais nous ne le sommes
plus de même sur ce qui regarde la nature
de cet Être puissant. Je prétends que c'est

un efprit; vous, que c'eft la matiere, óu je ne fais quelle troifieme efpece de nature, que je puis même ajouter que vous ne con-noiffez pas mieux que moi. Voici, quant à moi, comment je prouve que c'eft un efprit. De la production des effets dont je fuis témoin, je conclus qu'il exifte des actions; de ce qu'il exifte des actions, qu'il exifte des volitións; enfin, de ce qu'il exifte des volitions, qu'il doit exifter une volonté. D'ailleurs les chofes que j'ap-perçois doivent, ou elles ou leurs arché-types, avoir une exiftence hors de mon entendement. Mais puifque ce font des idées, ni elles ni leurs archétypes ne fau-roient exifter hors de tout entendement. Il exifte donc un entendement différent du mien, & qui eft là caufe de mes percep-tions. Mais la volonté & l'entendement forment, dans le fens le plus rigoureux, la notion complette d'un efprit. La caufe puiffante des perceptions que j'ai de mes idées, eft donc un efprit, & cela dans l'acception la plus rigoureufe de ce mot?

Hylas. Je répondrois bien que vous penfez en ce moment avoir répandu un grand jour fur le point que nous difcutons ; & que vous ne foupçonnez guere que ce que vous venez d'avancer conduife à une contradiction. N'eft-ce pas une abfurdité que d'imaginer quelque imperfection en Dieu ?

Phil. Sans doute.

Hylas. Et n'eft-ce pas une imperfection que de fouffrir de la douleur ?

Phil. J'en conviens.

Hylas. Ne recevons-nous point quelque-fois de la douleur & du plaifir qui ont leurs caufes dans des êtres extérieurs à nous ?

Phil. Je vous l'accorde.

Hylas. Et n'avez-vous pas dit que l'Être dont vous parliez étoit un efprit, & cet efprit n'eft-ce pas Dieu ?

Phil. Tout cela eft vrai.

Hylas. Mais vous avez avancé pareille-ment que toutes les idées qui nous vien-nent du dehors, font dans l'efprit qui agit

(212)

fur nous. Les idées de douleur & de déplai-
fir font donc, felon vous, en Dieu ; ou en
d'autres termes, Dieu fouffre de la douleur,
ou eft affecté de différens déplaifirs ; c'eft-
à-dire, qu'il y a une imperfection dans la
nature Divine ; ce que vous avez déjà reconnu pour une abfurdité. Vous voilà donc
tombé , fans y penfer, dans une abfurdité
manifefte.

Phil. Que Dieu connoiffe ou apperçoive
toutes chofes, & qu'il connoiffe entr'autres
chofes ce que c'eft que la douleur, même
jufqu'à chaque efpece de fenfation doulou-
reufe, ou qu'il fache ce que c'eft pour fes
Créatures que de fouffrir de la douleur ; je
n'en doute nullement : mais que Dieu,
quoiqu'il connoiffe & qu'il produife quelquefois en nous des fenfations douloureu-
fes , puiffe fouffrir de la douleur, c'eft ce
que je nie abfolument. Nous qui fommes
des efprits limités & dépendans , nous
fommes fujets aux impreffions des fens ;
effets qui ont pour caufe un agent extérieur,
& qui étant quelquefois produits en nous

contre nos volontés , peuvent ainsi être quelquefois douloureux & désagréables. Mais Dieu , qu'aucun être extérieur ne sauroit affécter , qui n'apperçoit rien par les sens comme nous faisons , dont la volonté est absolue & indépendante , qui est la cause de tout , à qui rien ne peut faire obstacle ou résister ; un Être , dis-je , tel que Dieu , ne peut évidemment rien souffrir , ou ne sauroit être affecté par aucune sensation douloureuse , ni même par aucune espece de sensation. Nous sommes comme enchaînés à un corps , c'est-à-dire , que nos perceptions sont liées à des mouvemens corporels : les loix de la nature font que nous nous sentions affectés à chaque altération qui arrive dans les parties nerveuses de ce corps sensible , lequel , à en bien juger , n'est rien de plus qu'une complexion de qualités ou d'idées qui n'ont aucune existence distincte de la propriété d'être apperçues par un esprit ; & cette connexion de nos sensations avec les mouvemens de notre corps , n'emporte , en effet, autre chofe qu'une correfpondance dans l'ordre de la nature, entre deux fuites d'idées, ou de chofes qui peuvent être apperçues immédiatement. Mais Dieu eft un pur Efprit, dégagé de toutes ces fortes de fympaties ou de liens naturels ; & dans ces Efprits, nul mouvement corporel n'eft accompagné de douleur ou de plaifir. C'eft certainement une perfection que de connoître tout ce qui peut être connu : mais d'endurer quelque chofe, de fouffrir quelque chofe, ou même d'appercevoir quelque chofe par les fens, c'eft une imperfection. Je conviens que le prémier de ces attributs peut appartenir à Dieu ; en effet, Dieu connoît, ou a des idées : mais il n'en feroit pas de même du fecond, puifque Dieu ne reçoit aucune idée par des fens comme nous faifons. C'eft parce que nous ne diftinguons point dans une occafion où la différence eft fi manifefte & fi néceffaire, que nous nous imaginons voir une abfurdité où il n'y en a aucune ?

Hylas. Mais durant tout ce raifonnement, vous n'avez pas fait attention qu'il a été démontré que la quantité de matiere est proportionnelle à la gravité des corps : & que pourroit-on oppofer à une démonf-tration ?

Phil. Voyons un peu comment vous démontrez cela ?

Hylas. Je prends pour principe que les *momens* ou les quantités de mouvement des corps font en raifon compofée de la raifon directe de leurs vîteffes, & de celle des quantités de matiere qu'ils renferment; d'où il s'enfuit que fi les vîteffes font égales, les momens feront alors proportionnels aux quantités de matiere des corps. Mais l'expérience fait voir que tous les corps defcendent avec une vîteffe égale, à quel-que petite différence près, qu'il faut attri-buer à la réfiftance de l'air. Le mouvement des corps qui defcendent, & par confé-quent leur gravité, font donc proportion-nels à la quantité de matiere que les corps renferment, comme il falloit le démon-trer.

Phil. Vous prenez pour un principe évident par lui-même, que la quantité de mouvement d'un corps quelconque, est en raison composée des raisons directes, de la vîtesse de ce corps, & de la quantité de matiere qu'il contient ; & vous faites en même-temps usage de ce même principe, pour prouver une proposition d'où vous inférez l'existence de la matiere. N'est-ce pas là, je vous prie, tomber dans un cercle vicieux ?

Hylas. Tout ce que j'entends dire dans la premiere de mes prémisses, c'est que le mouvement est proportionnel au produit de ces trois produisans, la vîtesse, l'étendue, & la solidité.

Phil. Mais en supposant cela vrai, il ne s'ensuivra pas néanmoins delà que la gravité soit proportionnelle à la quantité de matiere, dans le sens philosophique que vous donnez à ce mot ; excepté que vous ne vouliez regarder comme une chose incontestable, qu'un *substratum* inconnu, soit que vous l'appelliez de ce nom ou de

tout

tout autre, doive être proportionnel au produit de ces différentes qualités fenfibles ; ce que vous ne pouvez mettre en principe, fans fuppofer ce qui eft queftion. Je vous accorde volontiers qu'il eft en une grandeur, une folidité, & une réfiftance que les fens apperçoivent ; & je ne vous difputerai pas non plus que la gravité ne foit proportionnelle au produit de toutes ces qualités : mais que ces qualités, telles que nous les appercevons, ou les puiffances qui les produifent, exiftent dans un *fubftratum* ou foutien matériel, c'eft-là ce que je nie, & ce que vous affirmez, à la vérité, de votre côté, mais que vous n'avez pas encore prouvé, malgré votre prétendue démonftration.

Hylas. Je n'infifterai pas davantage là-deffus. Penferiez-vous néanmoins me perfuader que les Phyficiens n'euffent fait jufqu'à préfent autre chofe que rêver ? Et que deviendront, je vous prie, toutes leurs hypothefes & toutes leurs explications des phénomenes, parmi lefquelles il n'en eft

K

aucune qui ne suppose l'exiſtence de la matiere ?

Phil. Qu'entendez-vous, *Hylas*, par des phénomenes ?

Hylas. J'entends par-là des apparences que j'apperçois par les ſens.

Phil. Et toutes les apparences que vous appercevez par les ſens, ne ſont-elles pas des idées ?

Hylas. Je vous ai dit cent fois qu'oui.

Phil. Expliquer des phénomenes, c'eſt donc montrer comment il arrive que nous ſoyons affectés de nos idées, en la maniere dont nous les recevons par les ſens, & dans l'ordre ſuivant lequel elles s'offrent à nous ?

Hylas. D'accord.

Phil. Hé bien, *Hylas*, j'avoue que ſi vous venez à bout de me faire voir qu'aucun Philoſophe ait encore expliqué par le ſecours de la matiere, la production de telle que vous voudrez de nos idées, je ne pourrai en ce cas me diſpenſer de me rendre ; & que je ne devrai même plus faire déſor-

mais aucun cas de tout ce que j'ai dit
jusqu'à présent contre la matiere. Mais
d'un autre côté, si vous ne pouvez y réussir,
ce seroit alors en vain que vous persisteriez
à m'objecter l'explication des phénomenes.
Qu'un être doué de connoissance & de
volonté produise ou représente des idées,
c'est ce que l'on comprend aisément : mais
qu'un être qui seroit entiérement destitué
de ces facultés pût produire des idées, ou
affecter de quelque maniere que ce fût une
intelligence, c'est ce que je n'entendrai
jamais. Quand bien même il seroit vrai de
dire que nous aurions quelque notion positive de la matiere ; quand bien même
nous en connoîtrions les qualités, & que
nous en pourrions comprendre l'existence ;
nous serions cependant si éloignés d'être
en état de rien expliquer d'après cette supposition, que cette supposition même seroit
la chose la plus inexplicable. Et mal-à-
propos m'objecteriez-vous qu'il paroîtroit
s'ensuivre delà que les Physiciens n'auroient
point jusqu'ici avancé du tout dans la con-

noissance de la nature ; puisqu'il est vrai de dire qu'en observant la connexion de nos idées, & en raisonnant d'après ces observations, ils découvrent peu-à-peu les loix de la nature, ou les voies que la nature suit dans la production de ses effets ; espece de connoissance qui n'est pas moins utile qu'agréable.

Hylas. Après tout, peut-on supposer que Dieu eût voulu nous tromper ? & vous imaginez-vous qu'il eût donné au monde entier un penchant si décidé à croire que la matiere existât, s'il n'existoit rien de semblable ?

Phil. Je me persuade que vous ne prétendez pas qu'il faille imputer à Dieu chaque opinion, pour ainsi dire épidémique, qui peut tirer son origine ou des préjugés, ou des passions, ou de l'inattention des hommes. Vous ne sauriez en effet le regarder comme auteur d'une opinion, qu'en vertu de l'une de ces deux raisons, ou bien qu'il nous en auroit découvert la vérité par une révélation surnaturelle, ou bien qu'elle

feroit fi évidente au témoignage des facultés naturelles que nous tenons de lui, qu'il
nous feroit impoffible d'y refufer notre
acquiefcement. Mais où eft la révélation,
ou bien où eft l'évidence qui nous oblige
à croire à la matiere ? Comment même
feroit-on voir que le monde entier, ou
même un petit nombre de perfonnes (fi
l'on en excepte quelques Philofophes, qui
ne favent ce qu'ils prétendent), aient crû
jufqu'à préfent l'exiftence de la matiere,
en entendant par ce mot quelque chofe
de diftinct de ce que nous appercevons
par les fens ? Votre queftion fuppoferoit
que tous ces points euffent été préalablement éclaircis ; & ce ne fera qu'après que
vous aurez en effet pris la peine de me les
éclaircir, que je penferai être obligé à vous
donner une autre réponfe. Contentez-vous,
en attendant, de la profeffion que je fais de
ne fuppofer en aucune forte que Dieu ait
trompé le genre humain.

Hylas. Mais la nouveauté, *Philonoüs,*
la nouveauté ! Il y a en cela du danger à

les nouveaux sentimens ne font guere fortune ; on s'y oppofe toujours ; ils dérangent les efprits des hommes ; & qui fait jufqu'où cela peut aller ?

Phil. Je n'imagine point comment, en rejettant une opinion qui n'a de fondement ni dans le témoignage des fens , ni dans celui de la raifon, ni dans l'autorité de la révélation divine , je pourrois paffer pour ébranler la certitude ou la vraifemblance de celles qui font appuyées fur l'un de ces fondemens , ou fur plufieurs à la fois. Je ferai le premier à avouer que toute innovation, en fait de gouvernement ou de Religion, eft une chofe très-dangereufe , & à laquelle on doit fans doute s'oppofer fortement. Mais y a-t-il la même raifon de bannir les innovations de la Philofophie ? Faire connoître une chofe qui avoit été jufqu'alors inconnue , c'eft une innovation en fait de connoiffances ; & il faut convenir que fi on avoit profcrit toutes les innovations de cette efpece , les hommes fe trouveroient maintenant avoir fait de jolis

progrès dans les Arts & dans les Sciences.
Mais je n'entreprends point de défendre
ici ni des nouveautés, ni des paradoxes.
Prétendre que les qualités que nous appercevons ne font point dans les objets ; que
nous ne devons point en croire à nos fens;
que nous ne connoiffons rien de la nature
réelle des chofes, & que nous ne pouvons
jamais être affurés , même de leur exiftence ;
que les couleurs & les fons réels ne font
rien de plus que certaines figures & certains
mouvémens inconnus ; que les mouvemens
ne font en eux-mêmes ni prompts ni lents ;
qu'il y a dans les corps des étendues ab-
folues ; qu'une chofe d'une nature groffiere,
une chofe deftituée de penfée ainfi que
d'action , opere fur un efprit ; que la moindre particule d'un corps eft compofée de
parties étendues, dont on ne fauroit affi-
gner le nombre ; ce font-là les nouveautés
& les penfées bizarres qui choquent les
lumieres pures & naturelles que la raifon
préfente à tous les hommes, & qui, une
fois qu'on les a admifes, jettent inévitable-

K iv

ment l'efprit dans un labyrinthe de doutes & de difficultés fans fin. C'eft contre ces innovations & d'autres femblables, que je me propofe de prendre la défenfe du fimple bon fens. Il eft vrai que dans l'exécution de ce deffein, je puis me trouver obligé de me fervir de quelques circonlocutions & de quelques manieres de parler peu or-dinaires : mais une fois qu'on entendra bien mes fentimens, ce qu'on pourra y rrouver de plus fingulier, fe réduira feu-lement à cette propofition, qu'il eft abfo-lument impoffible & contradictoire qu'un être deftitué de penfée exifte fans être ap-perçu actuellement par un efprit ; & fi ce fentiment paroît fingulier, il feroit honteux que ce pût être de nos jours, & dans un pays Chrétien.

Hylas. Quant aux difficultés auxquelles les opinions des autres peuvent être fu-jettes, c'eft une chofe étrangere à notre dif-cuffion. Tout ce que vous devez vous pro-pofer ici, c'eft de défendre la vôtre. Quoi de plus clair que ce fait, que vous prétendez

changer toutes les chofes en des idées ;
vous, dis-je, qui ne vous faites point de
fcrupule de me charger de l'imputation du
Scepticifme. Cela eft fi évident, que vous
ne fauriez le nier.

Phil. Vous avez mal pris ce que j'ai dit.
Je ne change point les chofes en des idées ;
mais je change feulement les idées en des
chofes : car ces objets immédiats de la
perception, qui, felon vous, ne font que
des apparences de chofes, ce que je fais,
moi, c'eft de les prendre pour autant d'êtres
réels.

Hylas. Pour des êtres réels ! Vous pouvez prétendre tout ce qu'il vous plaira ;
mais il n'en fera pas moins certain que
vous ne nous laiffez que les vaines formes
des chofes, le feul dehors qui frappe les
fens.

Phil. Ce que vous entendez par les formes & les dehors des chofes, me paroît
à moi, conftituer les chofes mêmes ; &
tout cela n'eft ni vain ni incomplet, fi ce
n'eft dans la fuppofition que vous faites

K v

que la matiere soit une partie essentielle des choses corporelles. Nous convenons donc ensemble, en ce que nous disons l'un & l'autre que nous n'appercevons que les seules formes sensibles : mais ce en quoi nous différons, c'est que vous prétendez que ces formes ne sont que de vaines apparences, au lieu que j'en fais, moi, des êtres réels. En un mot, vous ne vous en fiez pas à vos sens, & moi je m'en rapporte aux miens.

Hylas. Vous dites que vous vous en rapportez à vos sens, & vous paroissez vous applaudir d'être en cela d'un sentiment conforme à celui du vulgaire. Les sens nous découvriroient donc, selon vous, la vraie nature des choses. Mais, s'il en étoit ainsi, comment pourroit-il arriver qu'on n'apperçût point la même figure, ou en général les mêmes qualités sensibles, par tous les sens à la fois ? & pourquoi seroit-on obligé de se servir d'un microscope pour mieux découvrir la vraie nature d'un corps ? Quel moyen trouverez-vous de vous tirer de ces contradictions ?

Phil. Il est vrai , *Hylas* , qu'à proprement-parler , nous ne voyons pas les mêmes objets que nous sentons par le toucher , & il ne l'est pas moins que ceux que le microscope nous découvre , ne sont pas les mêmes que nous appercevons à l'œil nud. Mais si la moindre variation nous avoit pu fournir un motif suffisant pour former de nouvelles especes d'êtres , ou de nouveaux individus , leur nombre infini , & la confusion qu'il auroit introduite dans les noms , auroient rendu le langage impraticable. Pour éviter cet inconvénient , aussi-bien que d'autres qu'on apperçoit facilement , pour peu qu'on y pense , les hommes ont donc réuni ensemble , par le secours de la mémoire , plusieurs idées qu'ils avoient apperçues par différens sens , ou qu'un même sens leur avoit fournies en différens temps & en différentes circonstances , & entre lesquelles ils avoient observé que la nature mettoit quelque connexion , soit par rapport à la coexistence , soit par rapport à la succession mutuelle ; & les ayant ensuite

rapportées à un même nom, ils se sont
accoutumés en cette sorte à les considérer
comme une même chose. D'où il s'ensuit
que si ayant déjà vu une chose, je l'examine de nouveau par mes autres sens,
ce ne doit être nullement dans le dessein
de parvenir à la mieux comprendre (l'objet
d'un sens ne pouvant absolument être saisi
par un autre sens); & que de même, si je
me sers quelquefois d'un microscope, ce
ne sauroit être parce que j'espérerois appercevoir par ce moyen plus clairement l'objet
que j'ai déjà apperçu auparavant de mes
yeux ; mais que dans l'un & l'autre de ces
deux cas je ne puis me proposer autre chose,
que de connoître qu'elles sont les idées
qui sont liées ensemble dans l'objet qui
fixe mon atttention ; enfin, que plus un
homme connoît de ces sortes de connexions
d'idées, plus il doit être dit avoir appro-
fondi la nature des choses. Mais qu'arrivera-t-il si nos idées sont variables, ou si
nos sens ne sont pas affectés des mêmes
apparences dans toutes les circonstances?

Ce qu'il y a de certain, c'eſt qu'il ne s'en-
ſuivra point du tout delà que nous ne
devions point nous en rapporter à nos
ſens, ni que nos ſens ſe démentent eux-
mêmes, ni que leur témoignage ſoit contradictoire à aucune notion que nous puiſ-
ſions avoir dans l'eſprit, à moins que ce ne
fût à celle de je ne ſais quelle nature réelle,
ſinguliere, conſtante, & abſolument im-
perceptible que chaque nom déſigneroit,
dont nous nous ferions laiſſés préoccuper,
qui auroit vraiſemblablement tiré ſon
origine des méprises où nous tombons ſur
le ſens du langage ordinaire, lorſque nous
entendons les hommes parler de différentes
idées diſtinctes les unes des autres, comme
ſi leur eſprit les avoit réunies dans une ſeule
& même choſe, & qui ſeroit à cet égard
dans le même cas où pluſieurs fauſſes opinions des Philoſophes pourroient bien ſe
trouver de leur côté; puiſque rien n'eſt ſi
commun en Philoſophie, que de bâtir des
ſyſtêmes non ſur des notions, mais ſur
les ſimples mots que le vulgaire s'eſt for-

més , dans la vue de s'aider par-là à s'acquitter avec plus d'expédition des actions ordinaires de la vie , & sans penser du tout à la spéculation.

Hylas. Il me semble que je comprends ce que vous dites-là.

Phil. Vous êtes du sentiment que les idées que nous appercevons par nos sens, ne sont point des êtres réels ; mais que ce ne sont seulement que des images ou des copies d'êtres réels. Cela posé , nos connoissances ne sauroient , selon vous , être réelles , qu'autant que leurs objets immédiats seroient de vives représentations de leurs originaux. Et puisque ces originaux que vous supposez, nous seroient d'un autre côté inconnus en eux-mêmes , & qu'il seroit impossible par cette raison de découvrir jusqu'à quel point nos idées pourroient leur ressembler, ou si elles leur ressembleroient même du tout ; il s'ensuit de tout cela que nous ne pourrions dans vos principes être sûrs d'avoir aucune connoissance réelle. De plus , comme nos idées pourroient varier

continuellement, fans qu'il arrivât cependant le moindre changement dans ces êtres
réels que vous prétendriez exifter, & être
différens d'elles, on pourroit encore conclure delà, par une conféquence néceffaire,
que nos idées ne fauroient être toutes à la
fois les vraies copies de ces prétendus êtres;
& que fi quelques-unes l'étoient, & que
d'autres ne le fuffent pas, il feroit en même-temps impoffible de diftinguer celles-ci
de celles-là; ce qui nous plongeroit encore
plus profondément dans l'incertitude. Enfin, en confidérant attentivement le point
dont il eft queftion entre vous & moi,
nous trouverions, ce me femble, que
nous ne faurions concevoir comment une
idée, ou quelque chofe de femblable à
une idée, pourroit avoir une exiftence abfolue hors d'un efprit, ni par conféquent,
fuivant votre opinion, comment il pourroit
y avoir rien de réel dans la nature; & le
réfultat néceffaire de tout cela feroit infail-
liblement de nous jetter dans un Scepticifme défefpéré, & abfolument fans remede.

Or, permettez-moi de vous demander ici,
en premier lieu, si la vraie source de ce
Scepticisme n'auroit pas consisté en ce que
vous auriez pris pour les originaux de vos
idées certaines substances, douées, selon
vous, d'une existence absolue, & que vous
n'auriez cependant pas apperçues ; en second lieu, si vous êtes informé, soit par
les sens, soit par la raison, de l'existence
de ces originaux inconnus, & au cas que
vous n'en soyez point instruit par l'une de
ces deux voies, s'il n'est pas absurde alors
de la supposer ; en troisieme lieu, si après
de mûres réflexions vous trouverez que
vous puissiez concevoir ou entendre rien
de distinct par ces mots, *l'existence absolue
ou extérieure de substances destituées de
perception* ; enfin, si, tout cela considéré,
le parti le plus sage ne seroit pas de suivre
la nature, de vous en rapporter à vos sens,
d'abandonner pour toujours les recherches
épineuses où vous vous êtes livré jusqu'ici
sur des substances ou des natures inconnues,
& de regarder bonnement avec le vulgaire

comme des êtres réels, tous ceux que les sens apperçoivent.

Hylas. Je ne suis pas maintenant dans le goût de faire des réponses. J'aimerois mieux voir comment vous pourrez vous tirer de ce que je vais vous dire. Les objets qui sont apperçus par les sens d'une personne, ne peuvent-ils pas l'être pareillement par ceux de tous les autres esprits qui se trouvent en même-temps présens dans le même endroit? Qu'il y ait ici cent personnes avec nous deux, ne verront-elles pas toutes cent ce jardin, ces arbres & ces fleurs, aussi-bien que je les vois? & comme elles ne seront pas cependant affectées, de la même maniere que moi, des idées que je me formerai en même-temps dans mon imagination, cela n'établit-il pas une différence entre cette derniere sorte d'idées & la premiere?

Phil. Je vous l'accorde sans peine; & je n'ai jamais nié non plus qu'il n'y eût de la différence entre les objets des sens, & ceux de l'imagination. Mais que concluerez-vous delà ? Vous ne prétendriez pas sans doute me prouver que les objets sensibles exiſtent sans être apperçus, par cette raiſon qu'ils ſont apperçus de pluſieurs perſonnes à la fois ?

Hylas. J'avoue que je ne puis rien faire de cette objection : mais elle me conduit à une autre. N'êtes-vous pas d'avis que nous ne pouvons appercevoir par nos ſens, que les ſeules idées qui exiſtent dans nos eſprits ?

Phil. Oui.

Hylas. Mais la même idée qui eſt dans mon eſprit ne ſauroit être dans le vôtre, ou dans celui de telle autre perſonne que vous voudrez; & cela poſé, ne s'enſuit-il pas de vos principes, que deux perſonnes différentes ne ſauroient voir un même objet ? Enfin, n'eſt-ce pas là une choſe étrangement abſurde ?

Phil. Si l'on prend le terme *même* dans l'acception vulgaire, il ſera certain alors (& nullement contradictoire aux principes que je défends), que différentes perſonnes

pourront appercevoir la même chofe, ou
que la même chofe, ou la même idée,
pourra exifter en différens efprits. Mais
les mots font d'inftitution arbitraire; &
puifque les hommes ont coutume d'appliquer le mot *même* dans des occafions
où ils ne s'apperçoivent d'aucune diver-
fité, ou d'aucune variété, & que je ne
prétends rien changer dans leurs perceptions; il s'enfuit delà, que comme on a dit
ci-devant, *que plufieurs perfonnes voyoient
la même chofe*, on pourra continuer toujours de fe fervir dans des circonftances
femblables, des mêmes expreffions, & cela
fans s'écarter ni de la propriété du langage,
ni de la vérité des chofes. Mais fi l'on prend
le terme *même* dans l'acception des Philofophes, lefquels prétendent avoir une notion abftraite de l'identité; alors, fuivant
les différentes définitions qu'on en donnera
(car ce n'eft pas une chofe dont on foit
encore d'accord, que ce en quoi cette
identité philofophique peut confifter), il
pourra arriver, ou il ne fera point poffible

que différentes perſonnes apperçoivent une même choſe. Je m'imagine au reſte qu'il importe très-peu, que les Philoſophes jugent ou ne jugent pas à propos d'appeller une choſe la *même*. Suppoſons, par exemple, pluſieurs hommes qui n'aient aucun avantage les uns ſur les autres du côté des facultés naturelles, qui par conſéquent ſoient tous affectés par leurs ſens d'une maniere ſemblable, & qui n'aient d'ailleurs connu encore en aucune ſorte l'uſage du langage; il ne ſera point douteux que les perceptions des uns ne doivent être conformes à celles des autres. Cependant lorſqu'ils ſeront parvenus les uns & les autres à l'uſage de la parole, il pourra arriver que quelques-uns d'eux, ayant égard à l'uniformité d'une choſe qu'ils auront apperçue en différens temps, la nommeront par cette raiſon *la même*; & que d'autres faiſant plutôt attention à la diverſité des perſonnes qui l'auront apperçue avec eux, préféreront de lui donner la dénomination de *différentes choſes*. Mais qui ne voit que la différence ne roulera alors que sur les mots , puisqu'il ne s'agira en effet que de savoir si ce qui aura été apperçu par différentes personnes pourra , nonobstant cela , être appellé du nom *même* ? Supposons encore une maison dont les murs extérieurs n'aient subi aucun changement , tandis que les chambres en auront été toutes détruites , & qu'on en aura rebâti de neuves en leur place ; & ajoutons à cela que vous disiez que c'est la même maison qu'auparavant , & que je soutienne , moi , que ce n'est pas la même. Serons-nous , je vous prie , moins d'accord pour cela dans toutes les pensées que nous aurons l'un & l'autre au sujet de cette maison considérée dans sa nature propre , & toute la différence ne consistera-t-elle pas dans un son ? Que si vous prétendiez que nous différerions même en ce cas dans nos notions , parce que vous joindriez à l'idée que vous auriez de la maison l'idée abstraite & simple d'identité, ce que je ne ferois pas de mon côté ; je vous répondrois alors que

Je ne saurois ce que vous entendriez par cette idée abstraite d'identité, & je vous prierois en même-temps d'observer avec soin ce qui se passe dans votre esprit, pour découvrir par ce moyen si vous le sauriez en effet vous-même.... Comment, *Hylas*, vous ne dites rien ? Ne seriez-vous donc point encore convaincu que les hommes peuvent disputer sur l'identité & la diversité, sans qu'il y ait dans leurs pensées & leurs opinions, abstraites des mots par lesquels elles sont signifiées, aucune différence réelle ? Je vais en tout cas vous proposer une réflexion qui pourroit contribuer à achever de vous en convaincre : c'est que soit que vous attribuiez, ou que vous n'attribuiez pas l'existence à la matiere, cela ne pourra influer en rien sur la décision de la question particuliere où nous en sommes maintenant. En effet, les Matérialistes (entendant par ce mot les partisans de l'existence de la matiere) reconnoissent eux-mêmes que les choses que nous appercevons immédiatement par nos sens, sont nos propres idées ; & par conséquent vôtre difficulté, que deux personnes ne sauroient appercevoir la même chose, prouve autant contre eux que contre moi.

Hylas. Oui, *Philonoüs* : mais ceux que vous nommez-là Matérialistes supposent un archétype extérieur ; & puisqu'ils y rapportent tous ensemble leurs différentes idées, ils peuvent dire dans le vrai qu'ils apperçoivent tous la même chose.

Phil. Mais (pour ne point vous rappeller ici que nous avons renvoyé bien loin ces archétypes) n'êtes-vous pas le maître de supposer aussi dans mes principes un archétype extérieur, je veux dire, extérieur à votre propre esprit ; quoiqu'il doive en même-temps exister dans l'esprit de celui qui comprend toutes choses ; que rien n'empêche qu'il ne remplisse alors tous les objets de l'identité, aussi-bien que s'il existoit absolument hors de tout esprit, & que certainement il n'en soit pas pour cela moins intelligible, à s'en rapporter même à votre jugement.

Hylas. Vous m'avez, je l'avoue, prouvé clairement qu'il n'y a aucune difficulté dans le fond de la queſtion particuliere que nous agitons maintenant; ou que, s'il y en a, elle porte également contre nos deux opinions.

Phil. Or, ce qui porte également contre deux opinions contradictoires, ne ſauroit ſervir de preuve ni à l'une ni à l'autre.

Hylas. Je le reconnois; mais après tout, en conſidérant bien tout ce que vous me dites contre le Scepticiſme, il me paroît qu'on en peut renfermer le précis dans cette ſeule propoſition, que nous ſommes certains que nous voyons réellement, que nous entendons réellement, que nous ſentons réellement, en un mot, que nous recevons réellement différentes impreſſions ſenſibles.

Phil. Et que nous importe d'en ſavoir davantage ? Je vois cette ceriſe ; je l'apperçois par le tact ; j'y trouve un goût tout à la fois acide & doux, & je ſuis ſûr que le néant ne ſauroit être ni vu, ni touché,

ni

ni goûté: elle eſt donc réelle. Otez les ſenſations de molleſſe, d'aquoſité, de rougeur,
d'acidité mêlée de douceur, & vous ôtez la
ceriſe, puiſque la ceriſe n'eſt point un être
diſtinct de ces ſenſations. Une ceriſe, dis-
je, n'eſt autre choſe qu'un aſſemblage d'impreſſions ſenſibles, ou d'idées apperçues
par nos différens ſens; idées que notre
eſprit réunit en une même choſe, c'eſt-à-
dire, auxquelles il donné un nom, parce
qu'il a obſervé qu'elles s'accompagnoient
l'une l'autre, ou qu'il arrivoit dans un
même-temps que le palais fût affecté du
goût particulier d'acidité mêlé de douceur;
la vue, de la couleur rouge; le toucher, de
la rondeur, de la molleſſe, &c. Delà vient
auſſi que lorſque je vois, que je touche
& que je goûte la ceriſe, je ſuis aſſuré par
la combinaiſon de ces moyens différens
les uns des autres, & tous certains, que la
ceriſe exiſte, ou qu'elle eſt réelle; attendu
que ſa réalité n'eſt dans mon ſentiment
rien d'abſtrait des ſenſations que je reçois
en ce moment. Mais ſi par le mot *ceriſe*

L

vous entendez une nature inconnue & diftincte de toutes les qualités fenfibles dont
j'ai parlé, & par fon exiftence, quelque
chofe de diftinct de la qualité d'être apperçu, j'avoue, à la vérité, que ni vous ni
moi, ni perfonne, ne pourront être sûrs
alors que la cerife exifte.

Hylas. Mais que diriez-vous, *Philonoüs*,
fi je rétorquois contre l'exiftence des chofes
fenfibles dans l'efprit, les mêmes raifons
que vous m'avez alléguées pour me prouver que ces chofes n'exiftent point dans un
foutien matériel ?

Phil. Quand j'aurai entendu ce que vous
avez à me dire, je verrai ce que je pourrai
avoir à vous répondre.

Hylas. L'efprit eft-il étendu ou non
étendu ?

Phil. Non étendu, fans doute.

Hylas. Ne dites-vous pas que les chofes
que vous appercevez font dans votre efprit?

Phil. D'accord.

Hylas. Ne m'avez-vous pas parlé, outre
cela, d'impreffions fenfibles ?

Phil. Je n'en disconviens pas.

Hylas. Hé bien, *Philonoüs*, expliquez-moi maintenant comment il peut y avoir dans votre esprit, de la place pour tous ces arbres & toutes ces maisons que vous dites y exister ? Les choses étendues peuvent-elles donc être contenues dans celles qui ne le sont point ? Ou comment nous imaginer qu'une chose destituée de solidité puisse recevoir des impressions ? Vous ne pouvez pas me dire que les objets soient dans votre esprit, comme vos Livres sont dans votre cabinet, ou que votre esprit reçoive l'impression des choses comme la cire reçoit celle du cachet. Apprenez-moi donc dans quel sens je dois entendre ces expressions : expliquez-le moi, si vous pouvez ; & je serai d'abord après en état de répondre à toutes les questions que vous m'avez faites sur mon *substratum*.

Phil. Prenez garde, *Hylas*, que lorsque je parle de différens objets comme existans dans l'entendement, ou comme faisant impression sur les sens, il ne faut

pas m'entendre dans un fens groffier.&
littéral, tel que celui qui fe préfente à votre
efprit quand on vous dit qu'un corps exifte
dans un lieu, ou qu'un cachet a fait une
impreffion fur de la cire. Tout ce que je
prétends dire par-là, c'eft que notre efprit
comprend ou apperçoit ces objets, & qu'en
même-temps il eft affecté de dehors ou
par quelque être différent de lui-même.
Voilà la folution que je donne à votre
difficulté ; & je voudrois fort favoir maintenant comment elle pourroit vous fervir
à rendre intelligible l'opinion où vous êtes
qu'il exifte un foutien de la matiere, deftitué de perceptions ?

Hylas. A la vérité, fi c'eft-là tout ce que
vous avez à me dire là-deffus, je ne vois
pas quel ufage j'en pourrois faire. Mais
n'êtes-vous pas coupable en cette occafion
de quelqu'abus de langage?

Phil. Nullement : je ne dis autre chofe
que ce qu'a autorifé l'ufage qui, comme
vous favez, eft la regle des langues. Quoi
de plus commun que d'entendre les Philo-

fophes parler des objets immédiats de l'entendement, comme de chofes qui exiftent dans l'efprit ? Qu'y a-t-il même en cela qui ne foit conforme à l'analogie générale du langage, où la plupart des opérations de l'ame font défignées par des mots empruntés des chofes fenfibles : c'eft ce qu'on voit clairement dans les termes *comprendre*, *réfléchir*, *difcourir* &c., qu'il faut bien fe garder de prendre dans leurs fens primitifs & groffiers, lorfqu'on les applique à l'efprit.

Hylas. Me voilà, je vous l'avoue, convaincu fur ce point ; mais il me refte encore une grande difficulté, dont je ne prévois guere que vous puiffiez vous tirer, & qui eft en même-temps d'une telle importance, que quand bien même vous m'auriez donné des réponfes fatisfaifantes fur toutes les autres, ce feroit néanmoins en vain que vous vous flatteriez de m'avoir pour profélyte, tant que vous ne l'auriez pas réfolue.

Phil. Voyons un peu ce que peut être.

cette difficulté dont vous faites tant de bruit.

Hylas. Il est, à ce qu'il me semble, ab-solument impossible de concilier votre sentiment avec la relation que l'Ecriture-Sainte nous fait de la création. Moyse nous parle d'une création : une création de quoi ? d'idées ? Non certainement; mais de choses, d'êtres réels, de substances soli-des & corporelles. Faites quadrer vos prin-cipes avec cela, & je serai bientôt d'accord avec vous.

Phil. Moyse nous parle de la création du Soleil, de la Lune & des Etoiles, de la Terre & de la Mer, des Plantes & des Animaux. Que toutes ces choses existent réellement, & qu'elles aient été créées par Dieu dans le commencement des temps, c'est ce dont je ne fais pas le moindre doute. Si par des idées, vous entendez des fictions & des visions, toutes ces choses ne sont point alors des idées. Mais si par des idées vous entendez des objets immédiats de l'entendement, qui ne puissent exister sans être apperçus, ou hors de l'esprit, toutes

ces chofes font alors autant d'idées. Au
refte, il importe peu que vous appelliez ces
mêmes chofes des idées, ou que vous ne
leur donniez point ce nom. La différence
qu'il y auroit dans ces deux fuppofitions,
entre votre fentiment & le mien, ne fauroit rouler que fur un fimple mot; & foit
que nous admiffions, ou que nous rejettaf-
fions ce mot, le fens, la vérité & la réalité des chofes refteroient toujours les mêmes. Ce ne font point les objets de nos
fens qu'on appelle dans le difcours ordinaire *des idées*; ce font les chofes. Continuez, fi vous voulez, à appeller les *chofes* de
la forte, pourvu que vous ne leur attribuiez
point une exiftence abfolue & extérieure;
& je ne vous chicannerai pas fur un mot.
Je conviens donc que la création a été une
création de chofes ou d'êtres réels; & il
n'y a rien là qu'il foit difficile d'accorder
avec mes principes. Ce que je viens de
vous dire le prouve évidemment; & vous
auriez pu vous en convaincre à moins de
frais avec la même évidence, fi vous n'aviez.

L. iv.

pas oublié ce que nous avions déjà si fouvent répété. Quant aux fubftances folides
& corporelles dont vous me parlez , je
vous prie de me montrer quelqu'endroit
où Moyfe en ait fait la moindre mention;
& s'il fe trouve que cet Hiftorien facré ou
même quelqu'autre Ecrivain infpiré que ce
puiffe être, en aient en effet dit la moindre
chofe, il vous reftera encore, après cela, à
me faire voir qu'ils n'ont point pris ces
mots dans l'acception vulgaire , pour des
chofes qui tombent fous nos fens , mais
qu'ils les ont entendus dans l'acception philofophique, pour une *quiddité* inconnue ,
douée d'une exiftence abfolue. Ce fera
quand vous m'aurez prouvé tous ces chefs ,
& ce ne fera qu'alors , que vous pourrez
vous prévaloir contre moi de l'autorité de
Moyfe.

Hylas. En vain difputerions-nous fur un
fujet fi clair. Je veux bien en appeller à
votre propre confcience. Avouez la chofe.
N'êtes-vous pas convaincu qu'il y a une
répugnance finguliere entre ce que Moyfe

nous dit de la création, & votre sentiment?

Phil. Si tous les sens qu'il est possible de donner au premier chapitre de la Genese, peuvent aussi bien s'entendre dans mes principes, que dans toute sorte d'autres, il sera certain alors que la répugnance dont vous me parlez ne sauroit être que chimérique. Or, parmi tous les sens qu'on pourroit donner à ce chapitre, il n'en est aucun que vous ne conceviez, en croyant ce que je crois, aussi bien que dans tout autre système que vous pourriez embrasser. En effet, après les esprits, vous n'appercevez autre chose que des idées ; & je ne nie point l'existence des idées, ni ne prétends qu'elles puissent exister hors d'un esprit.

Hylas. Je vous prie de me montrer une seule interprétation raisonnable que vous puissiez donner au chapitre dont nous parlons.

Phil. Rien de plus aisé que ce que vous me demandez-là. Je m'imagine donc que si j'avois été présent à la création, & que c'eût été sous mes yeux que les choses

euffent été produites à l'exiftence, ou qu'elles fuffent devenues perceptibles , j'aurois
vu arriver ce grand événement précifément
dans le même ordre que l'Hiftorien facré
nous décrit. J'ai cru jufqu'à préfent fermement à la relation que cet Hiftorien nous
fait de la création ; & je ne découvre maintenant aucune altération dans la foi que
j'y ai toujours ajoutée. Lorfqu'on nous dit
que les chofes commencent ou ceffent
d'être , nous nous gardons bien d'entendre
ces expreffions relativement à Dieu ; &
nous ne les entendons , au contraire, que relativement aux créatures. Tous les objets
font connus de Dieu de toute éternité, ou ,
ce qui eft la même chofe , ils ont tous une
exiftence éternelle dans fon efprit : mais
lorfque les chofes , qui avoient été auparavant imperceptibles aux efprits créés ,
leur deviennent perceptibles en vertu d'un
décret de Dieu , on dit alors , & c'eft avec
raifon , que ces chofes commencent une
exiftence relative par rapport à ces mêmes
efprits. En lifant donc la relation que Moy-

se nous a faite de la création, j'entends que
les différentes parties du monde sont devenues, par degrés, perceptibles aux esprits
finis doués des facultés d'où dépend la
puissance d'appercevoir ; de façon que la
présence de ces esprits a suffi ensuite pour
qu'elles en fussent apperçues. C'est-là le
sens littéral & naturel que présentent les
mots dont se sert ici l'Ecriture-Sainte : mots
dans lesquels il n'est question en aucune
sorte ni de *substratum* ou de soutien , ni
d'instrument, ni d'occasion , ni d'existence
absolue. Et si l'on faisoit là-dessus quelques
recherches , je ne doute point qu'on ne
trouvât que les Gens de meilleure foi &
les plus sensés, qui croient à la création,
n'ont jamais pensé à tout cela plus que
moi. Quant au sens métaphysique , dans
lequel vous pouvez entendre ces mêmes
paroles , c'est à vous à me dire quel il
peut être.

Hylas. Mais, *Philonoüs*, il me semble
que vous ne vous appercevez pas que la
seule existence que vous donniez dans le

commencement des temps aux chofes créées, n'eft que relative, & par conféquent qu'hypothétique; ce qui reviendroit à dire que ces chofes n'ont jamais exifté qu'en vertu de la fuppofition qu'il y eût des hommes pour les appercevoir, & que fans cela elles n'auroient plus eu d'actualité ou d'exiftence abfolue à laquelle leur création eût pu fe terminer. Or cela pofé, ne fuis-je pas fondé à foutenir qu'il doit être, felon vous, abfolument impoffible que la création d'aucune créature inanimée ait précédé celle de l'homme? & ce fentiment que vous ne pouvez vous empêcher d'adopter, n'eft-il pas d'un autre côté directement contraire à la relation de Moyfe?

Phil. Pour répondre à cela, je dis en premier lieu, qu'il pourroit y avoir eu des intelligences créées, différentes des hommes, dans les efprits defquelles les chofes fenfibles euffent commencé d'exifter; & qu'ainfi vous ne fauriez d'abord me montrer aucune contradiction entre ce qu'a dit Moyfe & mon fentiment; à moins que

vous ne me fiffiez voir préalablement qu'il
n'y avoit à l'inftant de la création aucun
efprit fini & créé différent de l'homme. Et
fi, pour nous former une notion de la
création, nous imaginions qu'il arrivât
dans le moment qu'une puiffance invifible
produifît une certaine quantité de plantes
ou de végétaux de toute efpece dans un
defert où il n'y auroit perfonne de préfent;
je dirois en fecond lieu que cette maniere
d'expliquer ou de concevoir la création
s'accorderoit avec mes principes, puifqu'ils
ne nous privent de rien, ni de fenfible,
ni d'imaginable ; & j'ajouterois à cela
qu'elle conviendroit en même-temps exactement avec les notions communes, naturelles & non corrompues des hommes ;
qu'elle manifefteroit combien toutes chofes
font dépendantes de l'Être fuprême ; &
qu'en influant en cette forte fur nos mœurs,
elle devroit produire le bon effet qu'on
peut attendre de la créance de cet important
article de notre Foi, je veux dire, celui
de rendre les hommes humbles à l'égard de

leur souverain Créateur, & résignés à sa
volonté. Je dirois , enfin , que cette même
maniere de concevoir les choses , en la pré-
nant en elle-même , ou en la dépouillant
des mots qu'on pourroit employer pour
l'énoncer , ne nous offriroit aucune notion
de ce que vous appellez *l'actualité de l'existence absolue.* Vous pourriez , à la vérité ,
jetter de la poudre aux yeux avec ces termes , & prolonger ainsi , hors de propos,
notre discussion : mais je vous prie de faire
tranquillement en vous-même des réflexions
là-dessus , & de me dire ensuite si ce ne
feroit pas là un jargon tout-à-fait inutile
& inintelligible ; en un mot , un vrai *per-
sifflage.*

Hylas. J'avoue que je n'y attache pas
une notion bien claire : mais que répondrez-
vous à cette instance ? Ne faites-vous pas
consister l'existence des choses sensibles
dans la qualité d'être dans un esprit ? Et
toutes choses ne sont-elles pas de toute
éternité dans l'esprit de Dieu , & par conséquent ne doivent-elles pas , selon vous ,

(255)

exister de toute éternité ? Or, comment
une chose qui est éternelle, peut-elle avoir
été créée dans le temps ? Se peut-il rien de
plus clair ou de mieux suivi que ce que
je vous dis-là ?

Phil. Et n'êtes-vous pas, vous aussi, du
sentiment que Dieu a connu toutes choses
de toute éternité ?

Hylas. D'accord.

Phil. Toutes choses ont donc toujours
eu un être dans l'entendement divin.

Hylas. Je le reconnois.

Phil. Il n'y a donc, de votre propre aveu,
rien de nouveau, ou qui commence à être
relativement à l'entendement de Dieu ; &
par conséquent nous sommes l'un & l'autre
du même avis sur ce point.

Hylas. Que deviendra donc la création ?

Phil. Ne pouvons-nous pas penser
qu'elle a été entièrement relative aux esprits finis, & qu'ainsi les choses considé-
rées par rapport à nous peuvent être dites
proprement avoir commencé à exister,
ou avoir été créées, lorsque, conséquem-

ment à la volonté de Dieu, elles sont devenues perceptibles aux créatures intelligentes, dans l'ordre & de la maniere que Dieu a réglées de toute éternité, & que nous appellons maintenant les loix de la nature. Vous pouvez, si vous voulez, appeller cette exiſtence *relative & hypothétique*: mais tant qu'elle nous fournira le ſens le plus naturel, le plus ſimple & le plus littéral de la relation que Moyſe nous a faite de la création ; tant qu'elle répondra à toutes les vues morales que la Religion nous découvre dans ce fait ſi important; je dis plus, tant que vous ne ſerez pas en état d'y ſubſtituer une autre interprétation, ou un autre ſens, pourquoi rejetterions-nous ceux-ci ? Seroit-ce pour donner dans ce goût ou ce caprice ridicule & ſceptique, qui voudroit abſolument rendre toutes les choſes abſurdes & inintelligibles ? Je ſuis bien ſûr au moins que vous ne ſauriez dire que ce ſeroit pour la plus grande gloire de Dieu. Car en ſuppoſant qu'il fût poſſible & concevable que le monde corporel eût une subsistance absolue, extrinseque à l'entendement de Dieu, aussi bien qu'aux entendemens de tous les esprits créés ; comment cela pourroit-il contribuer à faire éclater ou l'immensité ou la science infinie de la Divinité, ou, enfin, son domaine nécessaire & immédiat sur tous les autres êtres ? Et ne seroit-ce pas-là une chose qui devroit plutôt nous paroître déroger à ces attributs de l'Être suprême ?

Hylas. Fort bien : mais quant à ce décret de Dieu pour rendre les choses perceptibles ; qu'en dites-vous, *Philonoüs ?* N'est-il pas clair qu'il faut opter, ou bien de croire que Dieu l'exécuteroit de toute éternité, ou bien d'avouer que Dieu auroit commencé en un certain temps de vouloir ce qu'il ne vouloit pas actuellement auparavant, mais qu'il résolvoit seulement alors de vouloir. Si vous prenez le premier parti, il ne pourra plus alors y avoir eu de création, ou de commencement d'existence dans les choses finies ; & si c'est au dernier parti que vous vous arrêtiez, il faudra que vous reconnoissiez en ce cas qu'il arrive quelque chose de nouveau à la Divinité ; ce qui emportera que Dieu soit susceptible de quelque sorte de changement ; & vous savez que tout changement suppose une imperfection.

Phil. Faites attention, je vous prie, au peu de justice de la conduite que vous tenez maintenant à mon égard. N'est-il pas évident que cette objection conclut également contre la création prise dans tel sens qu'on voudra, & même contre tout autre acte de la Divinité que les lumieres naturelles puissent nous découvrir, puisque nous n'en pouvons concevoir aucun que comme exécuté dans un temps, & ayant un commencement ? Dieu est un être dont les perfections sont transcendantes & illimitées. Sa nature est donc incompréhensible aux esprits finis ; & par conséquent, en vain s'attendroit-on qu'aucun homme, Matérialiste ou Immatérialiste, pût jamais avoir des notions parfaitement justes de la Divinité, de ses attributs & des voies qu'elle fuit dans fes opérations ? Si vous prétendez donc conclure quelque chofe contre moi, il faut tirer vos objections, non des notions que nous nous formons l'un & l'autre de la nature Divine, puifque les difficultés que ces notions vous pourroient fournir, feroient inévitables dans tous les fyftêmes, mais du feul refus que je fais d'admettre l'exiftence de la matiere, chofe dont vous ne m'avez pas dit un feul mot, ni directement, ni indirectement, dans ce que vous venez de m'objecter.

Hylas. Je ne puis m'empêcher de reconnoître que vous n'êtes tenu maintenant à réfoudre que les feules difficultés que je puis tirer de la fuppofition que la matiere n'exifte point, ou qui font particulieres à votre fentiment. Jufque - là vous avez raifon : mais je ne faurois non plus en venir à penfer qu'il n'y ait point quelque répugnance particuliere entre la création & votre opinion : quoiqu'à la vérité je ne fache pas précifément en quoi je dois la faire confifter.

Phil. Que voudriez-vous donc ? ne re-
connois-je pas deux états des chofes, l'un
Ectype ou naturel, l'autre Archétype &
éternel ? Le premier, qui a été créé dans
le temps, l'autre qui exifte de toute éternité dans l'efprit de Dieu ; & ce que je dis-
là n'eft-il pas conforme au fentiment ordinaire des Théologiens ; ou faut-il quelque chofe de plus pour concevoir la création ? Mais vous foupçonnez, dites-vous,
que mon opinion répugne en quelque
chofe à cet acte de la Divinité, fans que
vous puiffiez en même-temps marquer précifément en quoi. Pour vous ôter toute
ombre de fcrupule fur ce fujet, je me
contenterai de vous prier de faire attention à ce raifonnement. Ou bien vous ne
fauriez concevoir la création dans aucune
hypothefe que ce puiffe être ; & fi la chofe
eft ainfi, vous ne pouvez être fondé à
défapprouver, à cet égard, l'opinion qui
m'eft particuliere ; ou bien il eft quelqu'hypothefe où vous pouvez concevoir la
création ; & en ce cas pourquoi ne pourriez-

vous pas aussi bien la concevoir dans mes principes, que dans d'autres ; puisque les miens ne vous enlevent rien de ce que vous concevez , & ne touchent même à rien de tout cela ? Je vous ai toujours laissé l'entier usage de vos sens, de votre imagination & de votre raison. Tout ce que vous pouviez appercevoir auparavant , soit immédiatement , soit médiatement , soit par vos sens, soit par des raisonnemens fondés sur leur témoignage, tout ce que vous pouviez concevoir, imaginer ou comprendre, vous reste donc toujours ; & par conséquent si la notion que vous vous êtes formée dans d'autres principes, de la création, est intelligible, vous la conservez encore dans les miens ; & si, au contraire, elle n'est pas intelligible, je penserois dès-lors que ce n'étoit point une vraie notion, & qu'ainsi vous n'auriez pas fait une grande perte quand vous l'auriez entiérement abandonnée. En effet, il me paroît très-clair que la supposition de la matiere, c'est-à-dire, d'une chose parfaitement inconnue

& inconcevable, ne sauroit servir à vous faire concevoir aucune chose que ce soit; & je me flatte que je n'ai pas besoin de vous prouver que si l'existence de la matiere ne rend pas la création concevable, ce n'est pas une objection à faire contre la non-existence de la matiere, que de dire qu'en la supposant, la création seroit inconcevable.

Hylas. Je confesse, *Philonoüs*, que me voilà presque satisfait sur l'article de la création.

Phil. Je voudrois bien savoir pourquoi vous ne l'êtes pas entiérement? Vous me parlez, à la vérité, d'une répugnance entre le récit que nous fait Moyse & l'Immatérialisme; mais vous ne savez pas en même-temps en quoi elle peut consister. Cela est-il raisonnable, *Hylas?* pouvez-vous vous attendre que je vous résolve une difficulté, sans que vous m'ayez appris en quoi elle consiste? Mais, pour passer sur tout cela, ne diroit-on pas que vous êtes bien certain qu'il n'y a aucune répugnance entre l'opinion qu'admettent les Matérialistes & le Texte sacré ?

Hylas. Aussi le suis-je.

Phil. Apprenez-moi donc s'il faut entendre la partie historique de l'Ecriture-Sainte dans un sens simple & naturel, ou dans un sens métaphysique & détourné.

Hylas. Dans un sens simple, sans doute.

Phil. Lorsque Moyse parle dans la Genese d'herbes, de terre, d'eau, &c. comme de choses qui ont été créées par Dieu, ne pensez-vous pas que les choses sensibles que ces mots signifient d'ordinaire, doivent se présenter incontinent à l'esprit de tout Lecteur qui ne sera pas prévenu des notions philosophiques ?

Hylas. Je ne saurois en disconvenir.

Phil. Et ne faut-il pas, dans les sentimens des Matérialistes, refuser l'existence réelle à toutes les idées ou à toutes les choses que les sens apperçoivent ?

Hylas. Je l'ai déjà reconnu.

Phil. La création ne doit donc pas, selon eux, avoir été une création de ces choses senfibles qui n'ont qu'un être relatif, mais une création de certaines natures inconnues qui dans leurs fentimens font feules douées de l'exiftence abfolue, à laquelle cette action divine a dû fe terminer.

Hylas. Cela eft vrai.

Phil. Et n'eft-il pas par conféquent évident que les Partifans de l'exiftence de la matiere détruifent le fens naturel & évident des paroles de Moyfe, avec lefquelles leur fentiment ne fauroit abfolument s'accorder; & qu'ils nous donnent, au-lieu de cela, un je ne fais quoi, qui leur eft auffi inintelligible à eux mêmes qu'il me le paroît à moi ?

Hylas. Je ne puis m'oppofer à cela.

Phil. Moyfe nous parle d'une création : une création de quoi ? de quiddités inconnues ? d'occafions ou de foutiens ? Non certainement, mais de chofes propres à être apperçues par nos fens. Il faut que vous commenciez par accorder cela avec votre opinion, avant que de vous attendre que je puiffe la goûter.

Hylas.

Hylas. Je m'apperçois que vous m'atta-
quez maintenant avec mes propres armes.

Phil. Quant à l'exiſtence abſolue, a-t-on
jamais entendu parler d'une notion plus
vuide de ſens & plus *creuſe* que celle-là ?
Ce ſeroit quelque choſe de ſi abſtrait &
de ſi inintelligible, que vous avez avoué
franchement vous-même n'y pouvoir rien
concevoir , & que bien moins encore
pourriez-vous vous en ſervir pour expliquer quelqu'autre choſe. Mais en vous ac-
cordant qu'il exiſte de la matiere , & que
la notion de ſon exiſtence abſolue ſoit auſſi
claire que le jour, ſera-t-il, pour cela , vrai
de dire qu'on ait jamais pu penſer que la
vérité de l'un ou de l'autre de ces deux
faits dût rendre la création plus facile à
croire ? & leur ſuppoſition n'a-t-elle pas
fourni, au contraire, aux Athées & aux Infi-
deles de tous les ſiecles, les argumens les
plus plauſibles qu'ils aient jamais employés
contr'elle. Qu'une ſubſtance corporelle à
laquelle on ſuppoſeroit une exiſtence abſolue hors des entendemens des eſprits,

M

ait pu être produite de rien, & par la pure
volonté d'un esprit ; c'est ce qu'on a souvent
envisagé comme une chose si contradictoire
& si absurde, que non-seulement les plus
célébres Philosophes anciens, mais même
plusieurs Philosophes modernes & chrétiens,
ont inféré delà que la matiere étoit coéter-
nelle avec la Divinité. Rapprochez toutes
ces choses les unes des autres, & jugez ensuite vous-même si le Matérialisme dispose
les hommes à croire à la création.

Hylas. Je vous avoue, *Philonoüs*, que
je pense que non. Cette objection que j'ai
tirée de la création, étoit la derniere qui
se fût présentée à moi ; & je ne puis disconvenir que vous n'y ayez suffisamment
répondu, aussi-bien qu'aux autres. Il ne
reste donc plus rien à vaincre en moi,
qu'une espece de répugnance que j'y trouve à me prêter à votre opinion, & dont je
ne saurois en même-temps rendre raison.

Phil. Quand un homme se sent comme
forcé, sans savoir néanmoins pourquoi,
à rester d'un certain parti, on ne sauroit

alors attribuer une pareille difpofition à rien autre qu'aux préjugés que les opinions anciennes, qui ont jetté de profondes racines dans fon efprit, ne peuvent avoir manqué d'y laiffer ; & je ne puis vous nier en effet, qu'à s'en rapporter aux perfonnes qui ont été élevées dans l'étude des Lettres, l'opinion qui admet l'exiftence de la matiere, n'ait à cet égard beaucoup d'avantages fur le fentiment oppofé.

Hylas. Je ne vous cache point que cela me paroît ainfi.

Phil. Pour contrepefer des préjugés fi forts, mettons de l'autre côté de la balance les grands avantages que nous offre l'Immatérialifme, foit à l'envifager par rapport à la Religion, foit à le regarder avec des yeux philofophes. L'exiftence de Dieu, & l'immortalité de l'ame, ces deux grands points de la Religion, ne font-ils pas démontrés dans ce fentiment avec la plus grande clarté, & l'évidence la plus immédiate. Quand je dis l'exiftence de Dieu, je n'entends pas celle d'une caufe obfcure

M ij

& générale des chofes, de laquelle nous n'avions point de notion; mais de Dieu dans le fens étroit & propre du mot; d'un être dont la fpiritualité, la préfence partout, la providence, la fcience fans bornes, la puif-fance & la bonté infinie, font auffi faciles à appercevoir que l'exiftence des chofes fenfibles, de laquelle (malgré les faux-fuyans, les prétentions illufoires & les fcrupules affectés des Sceptiques) il n'y a pas plus de raifon de douter que de notre propre être. Et relativement aux fciences humaines, dans combien d'embarras, dans combien d'obfcurités & de contradictions l'opinion de l'exiftence abfolue de la ma-tiere n'a-t-elle pas jetté les hommes? Pour ne rien dire ici des difputes fans nombre qu'on a formées fur fon étendue, fur fa continuité, fur fon homogénité, fur fa gra-vité, fur fa divifibilité, &c., ne prétend-on pas expliquer toutes chofes par des corps qui opéreroient fur des corps, fans qu'on ait néanmoins pu comprendre jufqu'ici comment un corps pourroit en mouvoir

un autre. Quand même on admettroit qu'il
n'y eût point de difficulté à accorder la
notion d'un être auquel conviendroit l'i-
nertie avec celle d'une cause, ou à concevoir comment un accident pourroit paſſer
d'un corps dans un autre, ſeroit-il néanmoins vrai de dire qu'avec toutes ces penſées bizarres, & toutes ces ſuppoſitions for-
cées, on eût pu encore pouſſer les productions
mécaniques juſqu'à en tirer aucun animal
ou aucun végétal ; qu'on eût expliqué par
les loix du mouvement, les ſons, les goûts,
les odeurs ou les couleurs, ou le cours réglé
des choſes ; en un mot, qu'on eût juſqu'à
préſent rendu raiſon, par des principes phy-
ſiques, de la diſpoſition & de l'artifice des
parties, même les moins conſidérables de
l'Univers ? Et en ſuppoſant, au contraire,
qu'on abandonne la matiere & les cauſes
corporelles, & qu'on ſe contente d'admettre
au lieu de cela, la ſeule efficacité d'un eſprit
ſouverainement parfait, tous les effets de
la nature ne recevront-ils pas dès-lors une
explication aiſée & intelligible. Si les phé-

M iij

nomenes ne font autre chofe que des idées; auffi Dieu eft-il un efprit , & la matiere un être deftitué d'intelligence & de perception. Si les phénomenes nous montrent une puiffance infinie dans leur caufe; auffi Dieu eft-il actif & tout-puiffant , & la matiere une maffe où l'on ne découvre que de l'inertie. Si l'on ne peut affez admirer l'ordre , la régularité & les ufages de ces mêmes phénomenes ; auffi Dieu eft-il un être infiniment fage , dont la providence s'étend à tout; au-lieu que nous n'appercevons dans la matiere ni adreffe ni deffein. Voilà fûrement de grands avantages dans la Phyfique ; pour ne point ajouter ici que la notion d'une divinité éloignée difpofe naturellement les hommes à la négligence dans leurs actions morales , actions auxquelles ils feroient au contraire attentifs , s'ils regardoient Dieu comme immédiatement préfent, & comme agiffant fur leurs efprits fans l'interpofition de la matiere , ou plus généralement de caufes fecondes deftituées de la penfée. En Métaphyfique,

que de difficultés fur l'entité abftraite , fur
les formes fubftantielles , fur les principes
hylarchiques , fur les natures plaftiques ,
fur le principe d'individuation, fur l'origine des idées, fur la maniere dont deux
fubftances indépendantes l'une de l'autre ,
& auffi prodigieufement différentes l'une
de l'autre, que l'efprit de l'homme & la
matiere , opéreroient mutuellement l'une
fur l'autre ; que de difficultés , dis-je , & de
recherches fans fin fur tous ces points &
fur une infinité d'autres femblables, difpa-
roîtroient à jamais , en ne fuppofant que des
efprits & des idées. Il n'y a pas même jufqu'aux Mathématiques qui ne devinffent
beaucoup plus claires & beaucoup plus
faciles , fi l'on renonçoit à l'exiftence abfolue des chofes fenfibles ; car les fpéculations les plus épineufes , & les paradoxes
les plus choquans qu'on rencontre dans
ces fciences, dépendent tous de la divifibilité infinie de l'étendue finie , laquelle
dépend elle - même de cette fuppofition.
Mais qu'eft-il befoin d'infifter ici fur cha-

M iv

que science en particulier ? La contradiction générale de toutes les sciences, je veux dire, l'extravagance des Sceptiques anciens & modernes, ne s'appuie-t-elle pas aussi sur ce principe, que la réalité des choses corporelles consiste dans une existence extérieure & absolue ? ou plutôt, pourriez-vous produire un seul argument des Sceptiques contre la réalité des choses corporelles, ou, ce qui reviendroit au même, en faveur de cette ignorance profonde & reconnue, où ces Philosophes prétendent que nous sommes à l'égard de la nature de ces choses, qui ne portât sur ce fondement. C'est dans cette hypothese que les objections qu'on tire des couleurs changeantes que nous offre la gorge du Pigeon, ou de l'apparence de rupture que nous appercevons dans la rame plongée dans l'eau, ont véritablement de la force; au-lieu que ces mêmes objections, & toutes les autres semblables, s'évanouiroient bien vîte, si, renonçant à défendre l'existence des modeles absolus & extérieurs, nous ne faisions consister la réalité des choses

que dans des idées, changeantes & variables, à la vérité, mais qui ne changeroient
pas non plus au hafard, & dont les variations feroient au contraire réglées, conformément à l'ordre fixe de la nature. En effet,
c'eft uniquement en cela que confiftent cette
conftance & cette vérité des chofes, qui
affurent tous les intérêts de notre vie, & qui
diftinguent ce que nous nommons réel, des
vifions déréglées de l'imagination.

Hylas. Je conviens de tout ce que vous
me dites-là ; & je fuis en même-temps
obligé de vous avouer que rien n'eft plus
capable de m'engager à embraffer votre
opinion, que les avantages que je vois y être
attachés. Je fuis naturellement pareffeux ;
& elle offre de grands abrégés en fait de
connoiffances. Que de doutes, que d'hypothefes, que de labyrinthes propres à arrêter l'efprit, quel vafte champ de difputes,
quel océan de fauffe littérature ne peut-
on pas éviter, en adoptant l'Immatérialifme ?

Phil. Penferiez-vous, au refte, qu'il pût

encore m'être échappé quelque chose de ce qu'il y auroit eu à vous dire pour vous persuader ? Vous pouvez vous rappeller que vous m'avez promis de vous en tenir à celui de nos deux sentimens, qui après un mûr examen, vous paroîtroit le plus conforme au bon sens, & le plus éloigné du Scepticisme. Tel est, de votre propre aveu, celui qui nie la matiere & l'existence des choses corporelles. Ce n'est pas tout ; je vous l'ai prouvé de différentes manieres ; je vous l'ai fait envisager fous différens points de vue; je l'ai suivi dans ses conséquences, & j'ai répondu à toutes les objections que vous avez pu lui opposer. La vérité seroit-elle susceptible d'un plus grand degré d'évidence ? ou seroit-il possible qu'une opinion réunît tous les caracteres de la vérité, & qu'elle fût fausse malgré cela ?

Hylas. Je confesse que je suis enfin satisfait à tous égards ; mais quelle sûreté puis-je avoir que je continuerai toujours dans cette même adhésion entiere à votre féntiment, & qu'il ne fe préfentera pas à moi, dans la fuite, quelque objection ou quelque difficulté imprévue ?

Phil. Je vous prie, *Hylas*, s'il arrive en d'autres occafions qu'on vous ait prouvé évidemment une propofition, les objections auxquelles cette propofition peut être d'ailleurs fujette, font-elles capables de vous arrêter ? Les difficultés qu'on rencontre dans la théorie des quantités incommenfurables, de l'angle de contact, des affymptotes des courbes, ou dans d'autres fujets femblables, fuffifent-elles, par exemple, pour vous faire défier des démonftrations mathématiques ? ou refufez - vous de croire à la Providence de Dieu, parce qu'il peut y avoir différentes chofes particulieres, que vous ne fauriez accorder avec cet attribut de l'Être fuprême ? Si l'Immatérialifme eft fujet à des difficultés, je vous ai donné, d'un autre côté, des preuves directes & évidentes de ce féntiment : mais quant à l'exiftence de la matiere, on n'en peut apporter une feule preuve, & elle eft d'ailleurs fujette à

M vj.

des objections beaucoup plus nombreuſes & tout-à-fait inſurmontables. En quoi conſiſteroient, au reſte, ces difficultés ſi fortes, ſur leſquelles vous inſiſtez ? vous ne ſavez ni où elles ſe trouveroient, ni ce qu'elles pourroient être. Ce ſeroient, dites-vous, des choſes qui pourroient ſe préſenter dans la ſuite à votre eſprit. En vérité, ſi un tel prétexte peut ſuffire pour vous faire ſuſpendre en effet votre acquieſcement, vous ne le donnerez jamais à aucune propoſition, quelque peu ſujette à exception qu'elle puiſſe être, quelque clairement & quelque ſolidement qu'elle ait été démontrée.

Hylas. Vous m'avez convaincu, *Philonoüs.*

Phil. Pour vous mieux armer contre les objections qui pourroient ſe préſenter de nouveau à votre eſprit, je vous prierai ſeulement de faire attention que ce qui porte également contre deux opinions contradictoires, ne ſauroit ſervir de preuve ni à l'une ni à l'autre. S'il s'offre donc à vous quelque difficulté, commencez par exami-

ner si vous pouvez en trouver la solution
dans l'hypothese des Matérialistes. Ayez
attention, dans cette recherche, à ne vous
point laisser abuser par les mots : interrogez
plutôt vos propres pensées ; & au cas que
vous ne puissiez concevoir plus aisément
par le secours du Matérialisme, la chose dont
il sera question, il est évident qu'elle ne
pourra alors servir d'objection contre l'Immatérialisme. Si vous aviez suivi cette regle
durant cet Entretien, vous vous seriez vraisemblablement épargné la peine de m'objecter bien des choses ; puisque je puis
mettre en fait, que de toutes vos difficultés,
vous n'en sauriez montrer une seule qu'on
puisse résoudre par le secours de la matiere,
ou qui ne soit pas même moins intelligible
dans la supposition de l'existence de la
matiere, que dans la supposition contraire,
& qui par conséquent ne fasse plutôt *contre*
que *pour*. Il faudra donc observer avec soin,
à chaque occasion, si la difficulté provient
de la supposition que la matiere n'existe
point ; car si elle ne vient pas de là, vous

ne fauriez non plus vous en prévaloir
contre l'Immatérialifme , que vous ne
pourriez faire ufage de la divifibilité infinie
de l'étendue contre la préfcience divine ;
& je crois cependant qu'en vous rappellant tout ce que nous avons dit jufqu'à
préfent, vous vous appercevrez fans peine
que nous nous fommes trouvés fouvent,
finon toujours, dans le cas dont je viens
de faire mention. Il vous faudra encore
prendre garde à ne point tomber dans le
fophifme qu'on appelle *pétition de principe.* Nous fommes, à la vérité, plus portés
à regarder des fubftances inconnues comme
des chofes réelles , qu'à regarder les idées
que nous avons dans nos efprits, de cette
même maniere. Mais qui oferoit dire pour
cela que des fubftances extérieures à nous,
& deftituées de la penfée, puffent con-
courir comme caufes ou inftrumens dans
la production de nos idées ? Ne feroit-ce
pas-là partir de la fuppofition qu'il exifteroit de telles fubftances extérieures à nous ?
Et partir en effet delà, ne feroit-ce pas

fuppofer ce qui eft en queftion ? Soyez
fur-tout attentif à ne vous en point laiffer
impofer par cet autre fophifme fi commun,
qu'on nomme *ignorance de la queftion.*
Vous avez paru fouvent, dans le cours
de notre converfation, croire que je fou-
tenois que les chofes fenfibles n'exiftoient
point ; au-lieu que dans le vrai, perfonne
ne peut être plus certain que je le fuis de
leur exiftence, & que c'eft vous qui en
doutez ; j'aurois dû dire, qui la niez pofiti-
vement. Chaque chofe qu'on voit, qu'on
touche, qu'on entend, en un mot, qu'on
apperçoit par les fens, de quelque maniere que ce puiffe être, eft véritablement
un être réel dans les principes que j'embraffe, & au contraire, n'en eft pas un dans
les vôtres. Souvenez-vous que la matiere
que vous prétendez exifter, feroit quelque
chofe d'inconnu, fi même on peut appeller
quelque chofe, ce qui feroit entiérement
dépouillé de toutes les qualités fenfibles,
& qui non-feulement ne fauroit être apperçu par les fens, mais ne pourroit même

être conçu par l'esprit. Rappellez-vous, dis-je, que ce ne seroit un objet ni dur, ni mol, ni chaud, ni froid, ni bleu, ni blanc, ni rond, ni quarré, &c. Car de pareils objets sont autant de choses pour l'existence desquelles je me déclare; quoique je nie, à la vérité, qu'elles aient une existence différente de la qualité d'être apperçues, ou qu'elles existent hors de tous les esprits, quels qu'ils puissent être. Pensez à tous ces chefs: faites-y mûrement attention: autrement vous ne comprendriez jamais l'état de la question; & moyennant cela, vos objections ne porteroient point du tout au but, & elles pourroient même servir, comme il nous est arrivé plus d'une fois, à ceux qui soutiendroient contre vous ma propre opinion.

Hylas. Je suis obligé d'avouer que rien ne m'a plus empêché d'entrer plutôt dans votre sentiment, que d'avoir ainsi pris le change sur la question. J'étois tenté d'abord de m'imaginer qu'en niant la matiere, vous niiez les choses que vous voyez & que vous touchiez : mais la réflexion m'a fait comprendre qu'il n'y a pas de fondement à cela. Que penseriez-vous donc d'un expédient qui me vient dans l'esprit ? Ce seroit de retenir le mot *matiere*, & de l'appliquer aux choses sensibles. On pourroit le faire sans qu'il en résultât aucune altération dans vos sentimens ; & , croyez-moi, ce seroit le moyen de les rendre du goût de bien des personnes, qui se choquent plus de la nouveauté des mots, que des innovations dans les sentimens mêmes.

Phil. A la bonne-heure, retenez, si vous voulez, le mot *matiere*, & appliquez-le, si vous le jugez encore à propos, aux objets des sens ; pourvu toutefois que vous ne lui attribuiez aucune subsistance distincte de la qualité d'être apperçu. Je ne prétends point avoir de querelle avec vous pour une expression. *La matiere* ou *la subſtance matérielle* sont des termes que les Philosophes ont introduits ; & , à les prendre dans l'acception, suivant laquelle les Philosophes les emploient, ils emportent une espece d'indépendance, ou une subsistance distincte de la qualité d'être apperçu par un esprit. Quant au peuple, ou il ne s'en sert jamais, ou s'il s'en sert quelquefois, c'est pour signifier d'une maniere générale les objets immédiats des sens. C'est donc une chose certaine que tant qu'on se rappellera les choses particulieres, signifiées par les différens noms propres ou collectifs, ainsi que le sens des termes généraux *substance*, *sensible*, *corps*, *chose*, & d'autres semblables, on ne prendra jamais mal dans le discours ordinaire le sens du mot *matiere*. Mais il semble en même-temps qu'il n'y auroit rien de mieux à faire que d'abandonner entiérement ce mot dans le discours philosophique; puisqu'on peut dire qu'il n'est aucune chose qui ait plus favorisé & fortifié le malheureux penchant de l'esprit de l'homme vers l'Athéisme, que l'usage d'un terme si général & si confus.

Hylas. Soit : mais, *Philonoüs*, puisque je ne fais point de difficulté de me défaire entiérement de la notion d'une substance

(283)

deftituée de la penfée, & extérieure à tout
efprit, je ne penfe pas que vous puiffiez,
de votre côté, me refufer le privilége de me
fervir à mon gré du mot *matiere*, & de
l'attacher à une collection de qualités fenfibles, qui ne fubfiftent feulement que dans
l'efprit. J'avoue franchement qu'il n'y a,
dans un fens étroit, d'autres fubftances que
des efprits ; mais je fuis accoutumé depuis
fi long-temps au mot *matiere*, que je ne
fais comment m'en détacher. C'eft toujours
une chofe choquante pour moi, que de
dire, *il n'y a point de matiere dans le monde* ; au-lieu que je dis fans peine, *il n'y a
point de matiere, fi par ce mot on entend
une fubftance deftituée de la penfée, & exif-
tante hors de l'efprit ; mais il y a de la
matiere, fi on entend par ce mot quelque
chofe de fenfible, dont l'exiftence confifte
à être apperçu.* Cette diftinction donne un
tour tout différent à votre fentiment; & on
n'aura que fort peu de peine à fe ranger
de votre opinion, lorfqu'elle fera propofée
de cette maniere ; car après tout, la difpute

fur la *matiere*, dans l'acception étroite de ce mot, ne roule uniquement qu'entre vous & les Philofophes, dont je reconnois que les principes ne font, à beaucoup près, ni fi naturels, ni fi conformes, foit à la maniere ordinaire de penfer des hommes, foit à l'Ecriture-Sainte, que les vôtres. Ce que nous defirons, ou que nous évitons, fe réduit à ce qui fait, ou ce que nous imaginons pouvoir faire quelque partie de notre bonheur, ou de nos peines. Mais qu'ont à faire le bonheur ou les peines, la joie ou la trifteffe, le plaifir ou la douleur, avec l'exiftence abfolue, ou avec des entités inconnues, abftraites de toutes relations à notre propre être. Il eft, dis-je, évident que les chofes ne fe rapportent à nous qu'autant qu'elles peuvent nous être agréables ou défagréables ; ce qui ne fauroit arriver qu'autant que nous les appercevons. Hors de cette circonftance, elles ne nous intéreffent donc plus, & nous n'y faifons aucune attention. Il y a, au refte, quelque chofe de neuf dans votre opinion. Je fens clairement que je ne suis maintenant ni de l'avis des Philosophes, ni même tout-à-fait de celui du vulgaire ; & je voudrois fort savoir quel est au juste l'état où je me trouve à cet égard ; c'est-à-dire, que vous me disiez précisément, ou ce que vous avez ajouté aux notions dont j'étois ancienne-ment imbu, ou ce que vous en avez re-tranché, ou ce que vous y avez changé.

Phil. Je ne prétends point au titre d'Au-teur de nouveaux sentimens. Tout ce que j'ai tâché de faire dans nos Entretiens, ç'a été de réunir, pour ainsi dire, & de mettre en même-temps dans un plus grand jour, des vérités peu claires qui avoient été jus-qu'ici comme partagées entre le vulgaire & les Philosophes. Le vulgaire pense que les choses qu'il apperçoit immédiatement sont les choses réelles, & les Philosophes soutiennent que les choses qu'on apperçoit immédiatement, sont des idées qui n'exis-tent que dans l'esprit. Joignez ensemble ces deux sentimens, & la conclusion que vous pourrez tirer de leur réunion, vous fournira la fubftance de ce que j'avance.

Hylas. J'ai été long-temps à me défier de mes fens. Il me paroiffoit que je ne voyois les chofes qu'à l'aide d'une lumiere trouble & à travers d'un verre trompeur. Le verre eft maintenant écarté, & un nouveau jour a luit dans mon entendement. Je fuis pleinement convaincu que je vois les chofes dans leurs propres formes; & je ne me mets plus en peine ni de leur nature inconnue, ni de leur exiftence abfolue. Tel eft, dis-je, l'état où je me trouve maintenant : mais j'avoue en même-temps que je ne comprends pas bien encore par quelle route vous avez pu m'y conduire. Vous êtes parti des mêmes principes que les *Académiciens*, les *Cartéfiens* & d'autres fectes femblables ont coutume de pofer : on auroit dit même, pendant long-temps, que vous prétendiez mettre en avant leur Scepticifme philofophique; & il fe trouve néanmoins à la fin que vos conclufions font directement oppofées aux leurs.

Phil. Regardez, *Hylas*, l'eau qui jaillit

du jet que voilà. Elle s'éleve en colonne jusqu'à une certaine hauteur, où elle se brise ensuite pour retomber dans le baffin d'où elle étoit d'abord partie ; & son éléva-tion, ainsi que sa chûte, proviennent l'une & l'autre du même principe, ou de la même loi uniforme de la gravitation. C'eft ce qui nous eft arrivé dans le fujet que nous venons de difcuter. Les mêmes prin-cipes, qui du premier coup-d'œil, paroif-foient nous conduire au Scepticifme, nous ont ramenés, après que nous les avons eu fuivis jufqu'à un certain point, aux notions ordinaires, que fuggére le fimple bon fens.

F I N.